CONTENIDO

ABREVIATURAS

AE Luther, Martin. *Luther's Works*. American Edition. Volúmenes 1–30: Editado por Jaroslav Pelikan. St. Louis: Concordia, 1966–76. Volúmenes 31–55: Editado por Helmut Lehmann. Philadelphia/Minneapolis: Muhlenberg/Fortress, 1957–86. Volúmenes 56–75: Editado por Christopher Boyd Brown. St. Louis: Concordia, 2009–.

K-W Kolb, Robert, y Timothy J. Wengert, eds. *The Book of Concord: The Confessions of the Evangelical Lutheran Church*. Minneapolis: Fortress Press, 2000.

LC Large Catechism (Catecismo Mayor)

SC Small Catechism (Catecismo Menor)

Tappert Tappert, Theodore. *Luther: Letters of Spiritual Counsel*. Philadelphia: The Westminster Press, 1960.

WA *D. Martin Luthers Werke: Kritische Gesamtausgabe*. 73 vols. in 85. Weimar: H. Böhlau, 1883–.

WA Br *D. Martin Luthers Werke: Briefwechsel*. 18 vols. Weimar: H. Böhlau, 1930–.

WA TR *D. Martin Luthers Werke: Tischreden*. 6 vols. Weimar: H. Böhlau, 1912–21.

Elogios por *Martín Lutero: Predicador de la cruz*

Aquí hay ideas para hacer un ministerio diario de enseñanza, desafiante y reconfortante, que verdaderamente se preocupa por las almas. Los pastores que se enfrentan a requerimientos de estar presentes en todo momento encontrarán en esta guía una base para discernir lo que es importante de lo que no lo es. Encontrarán concentración y energía para cumplir con el llamado que Dios les dio.

—Dr. Mark C. Mattes
Profesor de Filosofía y Teología
Grand View University, Des Moines, Iowa

John Pless ha destilado doce años de experiencia en un libro valioso y profundo. La teología es una aptitud práctica (Theologia est habitus practicus), especialmente para pastores luteranos. Pless demuestra la integración de corazón y mente, fe y conocimiento, experiencia y atención pastoral al examinar "cómo Lutero puso su teología evangélica a trabajar en casos reales de cuidado pastoral" (14). El cuidado pastoral es guerra espiritual contra el mal. Es tiempo de que reclamemos ese enfoque y seriedad en el cuidado del alma. Podemos aprender mucho del "cómo" y del "qué" de la predicación de Lutero centrada en Cristo.

—Rev. Paul J. Cain
Pastor de Immanuel Lutheran Church, Sheridan, Wyoming
Editor of *Liturgy, Hymnody, and Pulpit Quarterly Book Review*

Para merodear en cualquier selva se requieren marcadores confiables que puedan salvar vidas. Como luteranos en África, estamos agradecidos por la canción clara y alegre de ese ruiseñor de Wittenberg, que disipa el temor de la condenación eterna al vocalizar los logros de quien venció el pecado, la muerte, y el diablo para todo el mundo. En este estudio práctico, ideas cruciales del tesoro pastoral de Lutero guían magistralmente a los lectores, despertando el apetito por más. Éste es un manual idóneo para todos los que estudian y enseñan teología.

—Dr. Wilhelm Weber
Rector de Lutheran Theological Seminary en Tshwane
Obispo de la Lutheran Church in Southern Africa

John Pless muestra con muchos ejemplos y ricas citas de Lutero cómo el reformador trajo consuelo a las conciencias atribuladas para ponerlas bien con Dios a través del encuentro con la ley y el evangelio. Éste es un libro importante para aquellos que quieran indagar en las ideas de Lutero para prestar atención pastoral a sus propias vidas y las vidas de aquellos que les fueren encomendados.

—Prof. Dr. Hans Schwarz
Profesor de Teología Sistemática y Cuestiones Teológicas Contemporáneas
Institute for Evangelical Theology, University of Regensburg, Alemania

El arte de la atención responsable del alma en nuestros tiempos confusos se enriquece grandemente con *Martín Lutero: Predicador de la cruz*, una clase magistral en el cuidado de las almas. La larga experiencia pastoral de John Pless y sus años de estudio sobre Lutero proporcionan un rico almacén de tesoros cristocéntricos del que los pastores contemporáneos pueden sacar inspiración y discernimiento para el cuidado fiel y sensible de las ovejas y los corderos de Cristo.

—Rev. Harold L. Senkbeil, STM, DD
Director Ejecutivo para Cuidado Pastoral
DOXOLOGY: The Lutheran Center for Spiritual Care and Counsel

El precioso arte de comunicar ley y evangelio en situaciones pastorales, tales como angustia, desesperación, enfermedad, y muerte, se presenta aquí en forma compacta con la sabiduría de la experiencia, no sólo de John Pless en sus años como pastor y profesor, sino también y especialmente de la experiencia de oración y prueba de Martín Lutero como se ve en sus catecismos y en sus "Cartas de aconsejamiento espiritual". Las citas de Lutero son amplias y aptas, la bibliografía secundaria es acertada y actual.

—Dr. Paul Rorem
Benjamin B. Warfield Profesor de Historia Eclesiástica
Princeton Theological Seminary, Princeton, New Jersey

Doctrina y vida, para Lutero, pertenecen inseparablemente juntos. Por lo tanto, el cuidado de las almas no es una disciplina o técnica distintiva de Lutero; no es una teoría sino una actividad. Este libro de John Pless es una introducción a esta actividad, guiando al lector a través de las diversas áreas del cuidado de las almas mientras se da y se recibe. Debido al número de citas, Lutero mismo habla, y de esa manera el lector descubre lo que como cristianos por medio de Cristo somos y lo que Cristo ha hecho por nosotros y actualmente hace a través de la Palabra y el sacramento. Éste es un libro que, en su claridad, sirve no sólo para educar a los pastores sino para edificar a la congregación.

—Prof. Dr. Reinhard Slenczka, DD
Profesor Emérito
Erlangen Faculty of Theology, Erlangen, Alemania

Este libro ofrece una evaluación sensible y perspicaz de cómo Lutero abrió las Escrituras a las experiencias de la vida diaria de individuos y de su congregación de Wittenberg. La acertada selección de Pless de textos en contextos concretos proporciona un puente a lo largo de los siglos que modela la aplicación de la palabra de Dios hoy.

—Dr. Robert A. Kolb
Profesor Emérito de Teología Sistemática
Concordia Seminary, St. Louis, Missouri

Martín Lutero: Predicador de la cruz nos abre el corazón de la Reforma, incluyendo el uso de los sacramentos y la vocación, y consigue revelar los ricos recursos teológicos y prácticos a disposición de la iglesia para consolar a las almas atribuladas desde la cuna a la tumba. Las ideas que el profesor Pless ofrece en cuanto al matrimonio y al cuidado de los pobres valen el precio de este libro, por no hablar de cómo Lutero le enseña a nuestra fe a luchar contra los ataques del pecado, la muerte, y el diablo. Éste es un libro útil e inspirador, que establece un nuevo estándar para la pastoral del futuro. ¡Es para no perdérselo!

—Dr. Steven D. Paulson
Profesor de Teología Sistemática
Luther Seminary, St. Paul, Minnesota

Este libro es una contribución importante a la teología pastoral. No sólo leemos mucho acerca de Lutero, sino que este libro también motiva a los pastores a seguir su ejemplo. A los pastores se les confía la tarea de cuidar a las personas con problemas de conciencias y en sus luchas en la vida; Este libro recobrará la verdad y la seriedad del cuidado y ministerio pastoral.

—Dr. Klaus Detlev Schulz
Presidente, Ministerio Pastoral y Misión
Supervisor del Programa de Doctorado en Misiología, Decano de Estudios Graduados
Concordia Theological Seminary, Fort Wayne, Indiana

Martín Lutero

Predicador de la cruz

Un estudio de la teología pastoral de Lutero

John T. Pless

EDITORIAL CONCORDIA • SAINT LOUIS

Publicado por Editorial Concordia
3558 S. Jefferson Avenue, St. Louis, MO 63118-3968
1-877-450-8694 • editorial.cph.org

Los textos bíblicos que aparecen en esta publicación son de *La Santa Biblia, Reina Valera Contemporánea®*, © Sociedades Bíblicas Unidas, 2009, 2011, usados con permiso.

Los textos de los himnos con abreviaturas *LSB* son de *Lutheran Service Book*, copyright © 2006 Concordia Publishing House. Todos los derechos reservados.

Las citas del Libro de Concordia con abreviaturas K-W son traducción al inglés de Robert Kolb y Timothy J. Wengers, eds. *The Book of Concord: The Confessions of the Evangelical Lutheran Church* (Minneapolis: Fortress Press, 2000). Reproducido con permiso de Augsburg Fortress.

Las citas marcadas AE son de Luther's Works, American Edition (56 vols.; St. Louis: Concordia Publishing House y Philadelphia: Fortress Press, 1955–86).

Imagen de la tapa © Sermón de Martín Lutero, detalle de un tríptico, 1547 (óleo en panel), Cranach, Lucas, el Mayor (1472–1553) / Iglesia de St. Marien, Wittenberg, Alemania / Giraudon / The Bridgeman Art Library

Traducción al castellano: Rev. Ewaldo E. Beckmann

Editorial Concordia es la división hispana de Concordia Publishing House

Impreso en los Estados Unidos de América

1 2 3 4 5 6 7 8 9 10 25 24 23 22 21 20 19 18 17 16

PRÓLOGO

No me olvidaré nunca de un seminario para graduados al que asistí y que tuvo como tema el comentario de Lutero de 1 Corintios 15. El muy respetado y reverenciado erudito Dr. Ulrich Assendorf llegaba todos los días al aula de clases. Lo recibíamos en silencio debido a su autoridad teutónica pero gentil. Durante veinte minutos disertaba sobre el texto que teníamos frente a nosotros. Y después, con clásica habilidad socrática, nos introducía en el texto y argumento de Lutero con tal minuciosidad, erudición, y claridad, que su ardiente pasión por el gran reformador, y su incomparable introspección en el evangelio del Cristo resucitado, enardecía en grado sumo mi corazón. La teología de la cruz de Lutero, más allá de nuestra comprensión, su introspección en la ceguera de la razón humana y la profundidad del significado de la resurrección y su profundo conocimiento de San Pablo, fueron algo que me impresionó grandemente. Yo quería más, mucho más.

De allí en adelante, la comprensión de Lutero de las implicancias de la resurrección de Cristo se convirtió en el motivo principal de mi cuidado pastoral en medio de la muerte y la extinción de la vida. Pablo llama a Cristo "las primicias" de los que murieron (1 Corintios 15:20). Él ha resucitado, ¡y más cosas se vienen después de él! Cristo, como "cabeza" del cuerpo nace a la vida eterna; y así como en un nacimiento natural, la cabeza surge sólo con dificultad, pero después el cuerpo sigue con facilidad. ¡Así será con nuestra resurrección! En realidad, dice Lutero, la muerte parecerá una siesta breve y estimulante. Y debido a que la parte difícil se lleva a cabo con la resurrección de Cristo, es como si nosotros todos casi resucitamos solos, sí, ¡con sólo un dedo del pie todavía en la tumba! Assendorf manifestó lo siguiente: "No decimos 'hacia atrás a Lutero.' Decimos '¡hacia adelante a Lutero!" ¡Lutero está tan adelantado a nosotros en comprender a Cristo y el evangelio, que aún está fuera de nuestro alcance!

Al leer *Martín Lutero: Predicador de la Cruz*, mi corazón saltó con la misma clase de gozo entonces motivado por Assendorf, gozo por la claridad, la profundidad incisiva, y la fundamental, simple y práctica utilidad de los escritos pastorales de Lutero.

Lutero dijo cierta vez: "Un ebrio guía al sediento, y ambos están perdidos." (AE 28:66). Hace años, un pastor de la ELCA a punto de jubilarse, una joya de persona, me regaló lo mejor de su biblioteca. La caja estaba atestada de volúmenes psicológicos. El tema dominante: el pastor como terapeuta, consejero y sanador psicológico. No me malinterpreten. Me encanta recibir regalos de primera calidad y tengo en muy buen concepto el campo de especialidad de la psicología y el asesoramiento profesional del pastor. La biblioteca de este pastor a punto de jubilarse representaba el enfoque dominante dado a la teología práctica del período de 1950 hasta los últimos meses de 1980. Pero la "*Seelsorge*" (N del E: Término alemán para designar el cuidado de almas) no es psicología menor. La solicitud por las almas es una disciplina teológica difícil de comprender, que exige una introspección intensiva y de experiencia respecto de la condición del género humano, en particular acerca de lo que la Biblia dice del trato de Dios con la humanidad por medio de la cruz de Jesús. Tal idoneidad del cuidado de las almas trae consigo rigurosas pruebas, las que nos compelen a la oración, a la meditación y al evangelio mismo. En medio de tal *tentatio* no hay mejor guía que Lutero. Sin él, el cuidado luterano de las almas queda empobrecido, incluso perdido. Ebrios de metodología terapéutica, estábamos sedientos (con frecuencia sin darnos cuenta de ello) de lo que faltaba: un minucioso cuidado luterano de las almas como virtud teológica.

Este libro es un vivo indicio de que tal virtud experimenta un renacimiento entre nosotros, incluso en nuestros días. "¡Hacia adelante a Lutero!

Pastor Matthew C. Harrison
Pastor asistente, Village Lutheran Church, Ladue, Missouri
Presidente de la Iglesia Luterana—Sínodo de Missouri
Muerte de Lutero, 18 de febrero de 2013

PREFACIO

Los luteranos del mundo celebrarán en 2017 el quinientos aniversario de la fijación de las *Noventa y cinco Tesis* que señalan el comienzo de la Reforma. Con frecuencia los aniversarios significativos de la Reforma redituaron diferentes retratos de Lutero reflejando tendencias culturales y teológicas de la actualidad. Tengo mis dudas de que el 2017 vaya a ser diferente. Dentro de nuestro contexto pluralista hay quienes hasta sugieren que el quinientos aniversario de la Reforma debería brindar al mundo un "Lutero no confesional". Cualesquiera las imágenes de Lutero que surjan en los próximos años, no debemos olvidarnos que Lutero fue un pastor cuya meta fue brindarles a los pecadores la noción de que la gracia de Dios y su misericordia mediante la fe en Cristo Jesús son una certeza. Lutero se entregó de lleno a la tarea con vigor y claridad, decidido a "no saber de ninguna otra cosa sino de Jesucristo, y de éste crucificado", citando las palabras del apóstol Pablo (2 Corintios 2:2).

Este libro, *Martín Lutero: Predicador de la cruz,* lo fui concibiendo durante mi servicio como pastor y maestro de futuros pastores. En mis años de servicio como pastor, Lutero fue una constante causa de inspiración, curiosidad, y desafío. Su testimonio llegó a ser parte de los sermones que prediqué, las clases bíblicas que dicté, y las charlas pastorales que mantuve con la gente. Mi interés por Lutero fue ciertamente académico al ir leyendo y estudiando sus escritos, asistir a clases, escribir artículos y dirigir seminarios. Pero la fascinación por Lutero fue algo mucho más que intelectual; le dio alas a la necesidad de predicar a Cristo, al articular la verdad de que solamente por la fe en él el género humano tiene vida junto a Dios en el perdón de los pecados. Cuando acepté el llamamiento a enseñar, tomé la determinación de utilizar los escritos de Lutero para enseñar el cuidado de las almas. En gran medida este libro representa una decena de años de intentar hacer precisamente eso en las clases que dicté en los campus universitarios, en los cursos por extensión para pastores en diferentes puntos de los Estados Unidos, y en los últimos tres años en cursos intensivos trimestrales. Mi convicción fue y sigue siendo que cuanto más se aferren los pastores a la teología de Lutero, tanto más vigorosa será su predicación de arrepentimiento y fe. La teología de Lutero no es nada si no es realista, tanto en lo que hace al pecado humano como a la inmerecida misericordia divina en Cristo. Este realismo le servirá a pastores que tratan de ministrar con fidelidad al rebaño de Cristo, rebaño pecador y sin embargo santo.

Libros como éste nunca son el mero producto de su autor. Los autores incorporan a sus escritos mucho de lo que aprendieron de quienes estuvieron antes y de los que los acompañan a lo largo del camino. Ultimando detalles del proyecto, me acuerdo de varios maestros y mentores incluyendo al Dr. James Schaaf con quien estudié los escritos de Lutero en el Trinity Lutheran Seminary en Columbus, Ohio; al Dr. Norman E. Nagel, quien fue mi guía en ahondar más y más en la confesión de Lutero acerca de Cristo, mientras ministré junto a él en Chapel of the Resurrection en Valparaiso University; al Dr. Robert Preus quien me ayudó a comprender la relación entre Lutero y las Confesiones Luteranas; y al Dr. Kenneth F. Korby, quien incorporó la teología de Lutero a su propio trabajo de cuidado pastoral. Entre otros, cuyas vidas y obras se entrecruzaron con las mías, y cada uno a su manera me ayudó a pensar con más claridad acerca de Lutero y lo que tiene que decir a los pastores de hoy día se incluyen Michael Albrecht, Oswald Bayer, Jacob Corzine, Lowell Green, Matthew C. Harrison, Robert Kolb, Jason Lane, Mark C. Mattes, James Nestingen, Oliver Olson, Steven Paulson, y Bryan Wolfmueller.

Especialmente agradecido estoy al Dr. Naomichi Masaki y al Dr. Roland Ziegler, mis colegas de la facultad, por la colaboración y amistad que me brindaron en la vida de diaria enseñanza en este lugar. Ha sido un placer estar junto a ellos en la conducción de nuestro seminario "extra-curricular" para estudiantes sobresalientes que demostraron aptitud en los estudios de Lutero. Me llena de profundo gozo saber que muchos de estos estudiantes aportan sus propias contribuciones como pastores y eruditos en la iglesia. También estoy agradecido a mis compañeros miembros del 12th International Congress for Luther Research que se reunió en Helsinki, Finlandia, en agosto de 2012, por las sugerencias constructivas que aportaron cuando presenté una visión general del libro. Su perspicacia y estímulo fueron de ayuda para llevar a buen fin el proyecto.

No creo que hubiera llegado a escribir mi libro sin contar con las experiencias que tuve como pastor en University Lutheran Chapel en Minneapolis desde 1983 hasta 2000. Esta congregación tan vital que era, sufrió sin embargo mucha agitación y dolor al ser forzada a salir de la capilla que fue su hogar. Demostraron fidelidad y paciencia en virtud de la cruz. Dedico a ellos a *Martín Lutero: Predicador de la cruz* ya que incluso ahora muestran evidencias de adaptación, lo cual sólo es posible gracias al evangelio.

INTRODUCCIÓN

APRENDER DE LUTERO EL ARTE DEL CUIDADO PASTORAL

Lutero: *El reformador pastoral*

Martín Lutero no fue un pastor de parroquia en el sentido convencional del término. Su llamamiento fue el de profesor universitario. No obstante, estuvo estrechamente comprometido en el cuidado de las almas. Tal cosa puede discernirse de la historia de la Reforma al estallar este movimiento de cambios en el plano mundial, a partir del compromiso de Lutero con los penitentes cuyas mentes estaban atrapadas en nociones deformadas de arrepentimiento, y cuyos corazones estuvieron abandonados en la incertidumbre acerca de si el favor clemente de Dios será de provecho para sus almas en la hora de la muerte, o no. Más que tomar la determinación de reformar la iglesia, Lutero se abocó a reformar la predicación. La predicación en el sentido amplio incluye no sólo el sermón predicado en el contexto de la liturgia, sino toda la gama de actividades pastorales por las que la palabra de la promesa divina llega a los pecadores: la proclamación del evangelio, el Bautismo, la absolución, la Cena del Señor, el asesoramiento cristiano y la consolación, por nombrar lo más obvio. La Reforma fue ciertamente radical en que poco a poco permeó todo aspecto de la vida eclesiástica y la piedad. Nada quedaría sin ser afectado. Y fue particularmente cierto en cuanto al cuidado pastoral.

El presente libro tiene la intención de echar un vistazo a la práctica del cuidado pastoral de Lutero. Se hace con vistas –a partir de su empeño de por vida de consolar las conciencias atribuladas–, de reconciliarlas con Dios por medio de la palabra que justifica a fin de que puedan vivir en la libertad de la fe para con su Creador y en la generosidad del amor por el semejante. Estas lecciones pueden echar una mano a los pastores del tiempo presente. El siglo veinte fue testigo de cambios significativos en el cuidado pastoral, distanciados de una disciplina teológica hacia una orientación psicológica. El cambio queda resumido acertadamente en el subtítulo del estudio magistral de E. Brooks Holifield, *A History of Pastoral Care in America: From Salvation to Self-Realization* (*Una historia del cuidado pastoral en América: De la salvación a la implementación personal*). En nuestro pasado más reciente, la teología estuvo supeditada a las ciencias sociales. Las inquietudes terapéuticas dominaron la realidad teológica. Los pastores quedaron conformados según un modelo clínico, y con más frecuencia que la que se podía esperar, la erudición pastoral del pasado fue percibida sospechosamente como anterior al modernismo. Las obras de eruditos tales como Thomas Oden y Andrew Purves[1] demandaron una recuperación de modelos clásicos de cuidado pastoral. Siguiendo la iniciativa de ellos, el presente volumen intenta examinar aspectos representativos del cuidado pastoral de Lutero según quedan manifestados en sus tratos con situaciones particulares y la gente. *Martín Lutero: Predicador de la cruz* no es un libro acerca de la doctrina del ministerio de Lutero. Hay de sobra libros de erudición y artículos que han investigado el tema.[2]

Un recurso de primer orden en la investigación del cuidado pastoral de Lutero se proporciona en sus cartas. Si incluimos sus cartas abiertas, partes de opinión teológica y epístolas dedicatorias, la correspondencia de Lutero totaliza tres mil partes conocidas.[3] Theodore Tappert proporcionó gustosamente un muestreo ordenado, tomado de estas cartas, bajo el título de su antología clásica, *Luther. Letters of Spiritual Counsel* (*Lutero: Cartas de asesoramiento espiritual*). El volumen pone a disposición importantes textos de Lutero para la investigación, que ofrecen valiosos vistazos en cuanto a cómo Lutero aplicó la doctrina evangélica a una variedad de crisis espirituales, que abarca desde matrimonios en conflicto, confortación de los afligidos, dudas y depresión, hasta los sufrimientos que deben afrontar los encarcelados. *Martín Lutero: Predicador de la cruz* se basa en estas fuentes.

Teología pastoral: El arte de hacer distinciones

Para Lutero, el cuidado pastoral genuino no podía ser otra cosa sino un emprendimiento teológico. Es decir, no tuvo nada que ver con encontrar

1 Vea, por ejemplo, Thomas Oden, *Care of Souls in the Classical Tradition* (Philadelphia: Fortress Press, 1984) y Andrew Purves, *Pastoral Theology in the Classical Tradition* (Louisville: Westminster/John Knox Press, 2001). También puede verse Leonard M. Hummel, *Clothed in Nothingness: Consolation for Suffering* (Minneapolis: Fortress Press, 2003). Hummel intenta recobrar la tradición luterana para el cuidado pastoral, pero en gran medida trabaja partiendo del punto de vista de las ciencias sociales, y su orientación teológica parece encauzada en gran medida en un enfoque más existencialista.

2 Vea, por ejemplo, Helmut Lieberg, *Amt und Ordination bei Luther und Melanchthon* (Göttingen: Vandenhoeck y Ruprecht, 1962) y Robert Kolb, "Ministry in Martin Luther and the Lutheran Confessions" en *Called and Ordained: Lutheran Perspectives on the Office of the Ministry,* editado por Todd Nichol y Marc Kolden (Minneapolis: Fortress Press, 1990), 49-66.

3 Theodore Tappert, *Luther: Letters of Spiritual Counsel* (Philadelphia: The Westminster Press, 1955), 22. El insuperable estudio de la literatura del cuidado pastoral de Lutero sigue siendo Gerhard Ebeling, *Luthers Seelsorge: Theologie in der Vielfalt der Lebenssituationen an seinen Briefen dargestellt* (Tübingen: J.C.B. Mohr, 1997).

una solución sicológica o social, sino con Dios que se dirige al ser humano en la ley y el evangelio, en la ira y la gracia, en la condenación y la consolación. Lutero lo expresa de un modo más significativo en sus disertaciones sobre el Salmo 51, en que hace la observación: "...el hombre pecador es uno oprimido por su conciencia y zarandeado de aquí para allá, sin saber a dónde encaminarse. Por lo tanto, aquí no estamos tratando con un conocimiento sicológico del hombre, que lo define como un animal racional, etc. A la ciencia le corresponde discutir tales cosas, no a la teología. De este modo pues, un abogado habla del hombre como propietario y dueño de inmuebles, y un médico habla de él como alguien sano o enfermo. Pero un teólogo discurre acerca del hombre como pecador.[4] Quiere decir que para Lutero la teología tiene una tarea muy específica. "El verdadero sujeto de la teología es el hombre culpable de pecado y condenado, y Dios el que justifica y que salva al hombre, el pecador. Lo que sea que se pregunta o discute en teología fuera de este tema, es error y veneno. El cuidado pastoral tiene que ver con este "tema apropiado", en que el pastor debe saber cómo distinguir la ley del evangelio, a fin de que el pecador quede identificado como culpable y se demuestre que Dios ofrece su gracia al pecador por causa de Cristo.

La teología pastoral de Lutero es el ejercicio de esta distinción necesaria. "Tal distinción correcta entre la función de la ley y la del evangelio resguarda toda teología genuina en su aplicación apropiada. Y a nosotros los creyentes nos erige en jueces sobre todo estilo de vida y sobre todos los dogmas de los hombres. Y por último, nos provee de una aptitud que nos permite poner a prueba todos los espíritus (1 Juan 4:1). Por contraste, siendo que los papistas han entremezclado y confundido por completo la doctrina de la ley y del evangelio, no han sido capaces de enseñar nada cierto ni de la fe, ni de obras, ni de estilos de vida, o acerca de juzgar los espíritus. Y lo mismo les sucede a los sectarios hoy día."[5] Para Lutero, la distinción entre la ley y el evangelio no es una identificación teórica de textos concretos como ley o evangelio; en vez de esto, es una distinción funcional crítica para el diagnóstico pastoral acerca de la condición espiritual de una persona ante Dios. Sin tal distinción uno no puede "poner a prueba los espíritus", vale decir, distinguir la verdad de Cristo de fabricaciones humanas o falsificaciones demoníacas. La distinción de la ley del evangelio

4 AE 12:310.

5 AE 26:331. Vea la útil visión de conjunto de la enseñanza de Lutero de ley y evangelio por Hans Joachim Iwand, *The Righteousness of Faith according to Luther,* traducido al inglés por Randi H. Lundell (Eugene, Oregon: Wimpf y Stock publicadores, 2008), 39-56.

no sólo resguarda la integridad de la teología, sino que también habilita al pastor a usarla de una manera evangélica, de modo tal que los culpables se quebranten por los efectos de la ley, y los que así han sido doblegados queden vivificados por la palabra del perdón a fin de vivir mediante la justicia de Cristo y en ella.

Tal distinción funcional entre la ley y el evangelio no se obtiene por ser un autodidacta. El pastor debe estar siempre subordinado a la tutela del Espíritu Santo si es que quiere llegar a tener la habilidad de tratar correctamente la ley y el evangelio de Dios. Lutero lo expresa acertadamente en una de sus "charlas de sobremesa" del año 1531: "No hay hombre sobre esta tierra que sepa cómo distinguir entre la ley y el evangelio. Podemos creer que lo entendemos cuando estamos oyendo la predicación, pero nos falta mucho. Solamente el Espíritu Santo lo sabe. Incluso Cristo hombre estuvo tan falto de entendimiento cuando estuvo en el huerto, que un ángel del cielo tuvo que confortarlo [Juan 12:27-29]; aunque fue un Doctor venido del cielo, un ángel lo reconfortó. Debido a que he estado escribiendo tanto y por tanto tiempo acerca de esto, ustedes quizá crean que conozco la distinción, pero cuando surge una crisis reconozco muy bien que estoy lejos, lejos de entender. De modo tal que sólo Dios debería y debe ser nuestro maestro divino."[6] Distinguir correctamente la ley del evangelio es una asignación elusiva para los pastores. La conciencia humana está dada a la vacilación, con frecuencia de modo impredecible, entre buscar una excusa y la auto acusación, entre negación y desesperación. Lutero reconoció que no es fácil para un pastor saber, en lo más denso de una crisis, cómo y cuándo hablar la ley cuyo trabajo es siempre acusar, y cuándo el evangelio, que sólo puede ser oído como noticia buena y liberadora por quienes ya están quebrantados por su pecado. El oficio de la ley es matar; no puede hacer otra cosa. Lutero dice: "La función de la ley es únicamente matar, pero de tal modo que Dios pueda hacer volver a la vida. Por tanto, la ley no fue dada meramente por causa de la muerte; pero debido a que el hombre es soberbio y se cree sabio, justo y santo, es pues necesario que sea humillado por la ley, a fin de que esta bestia, la presunción de justicia, sea matada, ya que el hombre no puede vivir a no ser que sea aniquilada."[7] Solamente cuando la ley ha llevado a cabo su trabajo de prueba de culpabilidad y condena, buscando al pecador y despojándolo de toda excusa

---

6 AE 54:127.

7 AE 26:335.

y confinándolo a la muerte, es que el evangelio puede ser oído en su promisoria plenitud. La ley siempre encuentra al pecador; el evangelio crea al santo por medio de una palabra que da y otorga vida al que está muerto. El evangelio será oído tan sólo donde la ley ha cumplido con su trabajo. En tanto que la ley anuncia y entrega condenación, el evangelio anuncia y entrega a Cristo Jesús para el perdón de pecados, porque "es la debida función de Cristo solamente justificar al pecador".[8] En una carta dirigida a Joachim Mörlin de Göttingen en octubre de 1544, Lutero le infunde ánimo al celoso pastor en la tarea de la predicación: "¿No dispones de la ley y el evangelio? Según éstos, la palabra de Dios debe distinguirse correctamente a fin de que pueda usted herir y sanar, matar y vivificar. Quizá espera en vano que todos oigan y amen la Palabra, o quizá centre su atención en la ley con exclusión del evangelio, de tal modo que la gente cree que lo están oyendo a usted en vez de Dios, o sientan que están subordinados a la compulsión."[9] Lutero le recuerda a Mörlin que debe cuidarse de no querer ser más exitoso que Elías o Cristo. En su afán de ser un predicador leal, el pastor recibe de Lutero la advertencia: "Sea amable con los que son amables, y deje que los que se oponen a su predicación de la ley discutan el asunto con Dios, de modo tal que usted ha cumplido con su deber."[10]

Formar pastores a la manera luterana: Oratio, Meditatio, Tentatio

En su "Prefacio a la edición de Wittenberg de los escritos alemanes de Lutero", el Reformador describe la formación de teólogos que puedan distinguir la ley del evangelio, utilizando tres términos latinos: *oratio, meditatio,* y *tentatio.* El esquema popular medieval para teología fue *lectio, oratio, contemplatio.* Lutero se aparta del modelo. Westhelle hace la observación: "El esquema de Lutero comienza con *oratio,* lo cual es más que oración; es todo leguaje de Dios, hablar de Dios y con Dios cuando uno sabe que la razón no satisfará. Lo segundo es *meditatio,* en lo que incluye *lectio,* que no se limita a la meditación en el sentido interior sino también 'exterior', involucrando por tanto a otros en la reflexión. Lutero no se atiene a la tercera regla medieval, *contemplatio,* sino que en vez de ello echa a andar un concepto muy diferente y original, *tentatio,* que se

8 AE 26:259.

9 Tappert, 310.

10 Tappert, 311.

convierte en la más importante –él lo llama 'piedra de toque'–, y última característica de la reflexión teológica."[11] De esta manera se aparta de la teología especulativa del escolasticismo y la espiritualidad contemplativa del misticismo.

Lutero utilizó tres palabras latinas para describir cómo se forman los teólogos: *oratio, meditatio, tentatio.* **Oratio** se traduce más frecuentemente como "oración", pero para Lutero la definición tiene que ser matizada un poco para que quede claro que la oración genuina se origina en la palabra de Dios dirigida a nosotros. Hablamos a Dios en oración porque él nos habló primero a nosotros en su evangelio. En tal sentido, entonces, *oratio* tiene que ver tanto con la proclamación como con la oración. **Meditatio** es la raíz de la palabra española "meditación". A diferencia de prácticas espirituales contemporáneas que con frecuencia derivan de religiones orientales, la noción de meditación, de Lutero, no fue introspectiva o mística sino un compromiso con la palabra de Dios que se percibe con el oído y se reflexiona en el corazón. Para Lutero, la meditación conlleva una imaginería que es visceral, que consume y digiere la palabra del Señor, de modo tal que su energía se imparte al creyente para fortalecer la fe y llevar frutos en su vocación. Finalmente, **tentatio**, que Lutero entiende como una prueba espiritual y congoja que Dios utiliza para estimular al cristiano a confiar en Cristo solamente. Oratio lleva a *meditatio* y *meditatio* a *tentatio.* Lo contrario también es verdadero, porque en la prueba y congoja espiritual el cristiano se siente impelido a reflexionar más en profundidad las promesas de Dios, y tal meditación abre los labios para invocar el nombre del Señor en la confesión y la oración.

Para Lutero "Las Sagradas Escrituras constituyen un libro que torna la sabiduría de todos los demás libros en necedad, porque ninguno enseña acerca de la vida eterna, con excepción de éste tan solo."[12] *Oratio* está anclada en la lectura y el escuchar de estas Escrituras que crean la fe en Cristo Jesús y avivan la oración. Es la fe modelada por David en el Salmo 119: " 'Dame a conocer tus estatutos. Hazme

11 Vitor Westhelle, *The Scandalous Cross* (Minneapolis: Fortress Press, 2006), 35-36. Vea también, John Kleinig, *"Oratio, Meditatio, Tentatio:* ¿Qué es lo que forma un teólogo? *Concordia Theological Quarterly* (July 2002), 255-267.

12 AE 34:285.

> entender cómo andar en tus mandatos' (Salmo 119: 26 ss)... Aunque lo sabía bien y diariamente oía y leía a Moisés además de otros libros, aun así quiere asir al verdadero maestro de las Escrituras, para no aferrarse a ellas atropelladamente con su razón y convertirse en su propio maestro. Porque tal práctica da origen a espíritus facciosos que se toman la libertad de alimentar la falsa ilusión de que las Escrituras están subordinadas a ellos y pueden ser entendidas fácilmente con su razón, como si fueran *Markolf* o las fábulas de Esopo, para las que no se necesitan ni al Espíritu Santo ni las oraciones."[13] Oswald Bayer comenta: "Casi de entrada nomás, el Salmo 119 adquiere importancia fundamental para la pelea con el papa, quien quiere evitar que siga aferrado a la Palabra por la que 'me convertí en cristiano': la palabra de la absolución. Desde el comienzo de la Reforma, este Salmo está considerado como una oración en pro de la victoria de la palabra de Dios frente a sus enemigos. De hecho, se lo considera una doble oración que en el año 1543 se convirtió en la estrofa de un himno: Señor, sosténnos firmes en tu Palabra y refrena la espada del papa y del turco."[14]

La palabra de Dios se oye con el oído, comprometiendo el corazón y la mente de los que la reciben con fe. La Palabra implantada se confiesa, proclama y ora con los labios. *Oratio* lleva a *meditatio* o meditación de la palabra de Dios. Para Lutero esta meditación no es un ejercicio de espiritualidad que hace que el creyente se vuelva para adentro en silenciosa reflexión. *Meditatio* se fundamenta sobre la palabra exterior (*externum verum*), según el lenguaje de los Artículos de Esmalcalda.[15] Para Lutero la *meditatio* es oral y externa. Así se manifiesta en sus disertaciones sobre Génesis: "El que quiera contemplar de modo correcto que reflexione sobre su Bautismo; que lea su Biblia, oiga sermones, honre a padre y madre, y acuda en ayuda de un hermano en desgracia. Pero que no se oculte en un recoveco... y se entretenga allí con sus meditaciones y crea que está recostado contra el pecho de Dios y en comunión con él sin Cristo, sin la Palabra, sin los sacramentos."[16]

---

13 AE 34:286.

14 Oswald Bayer, *Theology the Lutheran Way.* Traducido al inglés por Jeffrey G. Silcock y Mark C. Mattes (Grand Rapids: Eerdmans Publishing Company, 2007), 40.

15 Vea Robert Kolb y Timothy J. Wengert (editores), *The Book of Concord: The Confessions of the Evangelical Lutheran Church* (Minneapolis: Fortress Press, 2000), 322.

16 AE 3:275.

La meditación evangélica lo saca a uno afuera de sí mismo hacia las promesas de Cristo (fe) y a la necesidad del prójimo (amor). Así Lutero se pronuncia en contra de cualquiera y todas las formas de entusiasmo[17] que confían en visiones o apariciones milagrosas.

> Cristo se apareció visiblemente aquí sobre la tierra y manifestó su gloria. Lo hizo una vez y según el propósito divino de Dios completó la obra de redención y salvación del género humano. No deseo que se me aparezca a mí una vez más del mismo modo, ni tampoco que me envíe un ángel. Más aún, aunque un ángel del cielo se presentare ante mis ojos, sin embargo no añadiría nada a mi fe; porque de parte de mi salvador Cristo Jesús tengo garantía y sello; tengo su Palabra, Espíritu y sacramento; a esto me subordino, y no deseo revelaciones nuevas. Y para quedar confirmado más resueltamente en esta decisión de aferrarme tan sólo a la palabra de Dios y no dar crédito a ningún tipo de visión o revelación, voy a relatarles lo siguiente: El último Viernes Santo estaba yo en mi cámara entregado a oración ferviente, contemplando conmigo mismo cómo Cristo mi Salvador sufrió y murió en la cruz por nuestros pecados, que de pronto apareció proyectada sobre la pared una visión brillante de nuestro Salvador Jesús, con las cinco heridas, mirándome fijamente, como si yo hubiese sido el mismo Cristo corporalmente. A primera vista pensé que había sido alguna revelación celestial, pero reflexioné que debía ser forzosamente una ilusión y truco del diablo, porque Cristo se nos apareció en su Palabra, y de una manera desprovista de toda ostentación, y más humilde; por tanto así le hablé a la visión: Apártate, maldito diablo: no conozco a ningún otro Cristo fuera del que fue crucificado, y quien se me grafica y presenta en su Palabra. Entonces la imagen desapareció, viéndose claramente de quién provenía.[18]

La meditación es una inmersión en el texto de las Sagradas Escrituras. Es oír la palabra de Dios continuamente, leída y predicada, de manera que

---

17 Vea Bayer, *Theology the Lutheran Way,* 40. Aquí Bayer cita un sermón de Lutero sobre Génesis 28 de diciembre de 1520: "Si se abrieran camino al cielo horadando con sus cabezas y miran en derredor, no encontrarán a nadie, porque Cristo descansa en un pesebre en el regazo de una mujer. Por tanto, déjalos que vuelvan a caerse y quebrarse la nuca." Y Bayer también escribe: "Los que quieren buscar al Espíritu Santo muy dentro de sí, en una esfera demasiado excelsa como para ser expresado en palabras, sólo encontrarán fantasmas, y no a Dios" (55).

18 Citado en H. T. Kerr, *A Compend of Luther's Theology* (Philadelphia: Westminster Press, 1943), 57.

el que oye a Cristo queda vivificado para confiar en sus promesas y equipado para hacer frente a las necesidades del prójimo en su vocación en el mundo. Lutero comparó a la meditación con una vaca que rumia. En su comentario sobre Deuteronomio 14:1 de 1525, escribe: "Rumiar, sin embargo, es sorber la Palabra con deleite y meditar en ella con gran prontitud, a fin de que (según el proverbio) uno no le permita que entre por un oído y salga por el otro, sino mantenerla firmemente en el corazón, tragársela y absorberla en los intestinos."[19]

Lutero provee una herramienta práctica para tal meditación en su conocido cuadernillo de meditaciones: "Un modo sencillo de oración", escrito para el barbero de Wittenberg Peter Beskendorf, en 1535, en que sugiere que una persona medite sobre cada uno de los mandamientos del decálogo "en su cuádruple aspecto, vale decir, como texto escolar, libro de cantos, libro penitencial, y libro de oraciones".[20] En la manera de meditar de Lutero uno se ve estimulado a explayarse en el texto, acometer en más de un aspecto, incluyendo el didáctico, el de la doxología, el de diagnóstico y el intercesor. Los que tienen delante de sí el texto reciben enseñanza, se los estimula a alabar a Dios, sus pecados son expuestos, y reciben material de oración.

Si bien Lutero preparó el folleto para un seglar, ciertamente tiene su aplicación para el pastor que entregó su vida al servicio del texto de las Sagradas Escrituras con miras a su proclamación y el cuidado pastoral. Según la opinión de Lutero, los Salmos eran un terreno particularmente fértil para la meditación de los predicadores. En sus disertaciones sobre el Salmo 1 (1519-1521), manifiesta: "Por lo tanto, el oficio de un hombre cuya debida tarea es platicar sobre algo, es disertar sobre la ley del Señor... Porque tal meditación consiste en primer lugar en prestar suma atención a las palabras de la ley, y después ir uniendo las diferentes partes de las Escrituras. Y es una cacería placentera, un juego más bien similar al juego de los ciervos en el bosque. (Salmo 29:2). Porque de esto surgirá para el pueblo un sermón bien informado en la ley del Señor."[21] El predicador no medita en la Palabra simplemente para su propio bienestar sino para los que están a su cuidado en la iglesia. Medita en la Palabra a fin de tener qué decir de parte del Señor al pueblo a quien tiene el privilegio de servir.

---

19 AE 9:136.

20 AE 43:189. Nótese también la observación de Brecht. "En ningún otro lugar se percibe con tanta claridad la conexión entre orden y libertad en la práctica de la oración de Lutero como en su consejo para el maestro Peter." Martin Brecht, *Martin Luther: The Preservation of the Church 1532-1546,* traducido al inglés por James L. Schaaf (Minneapolis: Fortress Press, 1993), 14.

21 AE 14:296.

Para Lutero, la meditación no tiene lugar en un vacío espiritual, aislado de las tentaciones del mundo, la carne y el diablo. Dios se vale de *tentatio* (aflicción espiritual, prueba, tentación) para ahuyentarlo a uno de sí mismo y acercarlo a sus promesas tan sólo. Bayer captó el pensamiento de Lutero: "Quienquiera que medite puede esperar sufrimiento. Una vez más Lutero deja que el Salmo 119 formule esta experiencia. Consecuentemente, a la luz de la tercer regla, espera que también los estudiantes de teología se vean en el papel del salmista que 'se queja con frecuencia acerca de toda clase de enemigos... con los que tiene que vérselas porque medita, es decir, porque está ocupado en la palabra de Dios (como queda dicho) de muchísimas maneras.'"[22]

Tentatio no es algo extraño para quienes sirven en el oficio pastoral. Lutero entiende la *tentatio* como una angustia espiritual que estimula a los servidores fieles a confiar en las seguras y ciertas promesas de Cristo tan sólo. Al comentar Génesis 32:32, Lutero dice: "...nuestro Señor Jesucristo puso a prueba a Jacob no para abatirlo, sino para confirmarlo y fortalecerlo, a fin de que en su lucha aprenda siempre más acertadamente el poder de la promesa."[23] Dios lleva a cabo su obra bajo antítesis: "Cuando Dios obra, de primera intención aparta su rostro y parece ser el diablo y no Dios."[24]

La tentación que trae consigo la *tentatio* es necesaria para la vida cristiana en general, pero en especial para los predicadores de la Palabra. "No aprendí mi teología de golpe, sino que tuve que bucear constantemente por ella a más y mayor profundidad. Mis tentaciones lo hicieron en mi lugar, porque nadie puede comprender las Sagradas Escrituras sin práctica y tentaciones. Es lo que les falta a los entusiastas y a las sectas. Carecen del crítico correcto, el diablo, quien es el mejor maestro de teología. Si no contamos con esta clase de diablo, no somos otra cosa sino teólogos especulativos, que no hacemos nada, sino que andamos dando vueltas con nuestros propios pensamientos y especulamos con sólo nuestro raciocinio para ver si las cosas debieran ser así o asá", dice Lutero en una "charla de sobremesa"[25] de 1532.

La experiencia de la tentación prepara y equipa al pastor para servir como un "instructor de conciencias", en el sentido de que debe estar

---

22 Bayer, *Theology the Lutheran Way*, 60.

23 AE 5:144. Vea aquí Mary Jane Haemig, "Prayer as Talking Back to God" *Lutheran Quarterly* (Autumn 2009), 270–295.

24 AE 7:103.

25 AE 54:50.

capacitado para distinguir la ley del evangelio, apartando al que está afligido del errático y equivocado ir y venir de la conciencia de presentar excusas a la acusación. La conciencia sólo cesa de racionalizar el pecado o de estar aterrorizada por la ley cuando se da a descansar en el perdón de los pecados. "Por lo tanto los exhorto a ustedes, en particular a quienes serán instructores de conciencias, lo mismo que a cada uno individualmente, a que se ejerciten continuamente mediante el estudio, la lectura, la meditación y la oración, a fin de que en la tentación estén habilitados para instruir las conciencias, tanto las de ustedes como las de otros, y conducirlas de la ley a la gracia, de justos activos a la justicia pasiva, en pocas palabras, de Moisés a Cristo. El diablo tiene la costumbre de atemorizarnos con la ley cuando estamos afligidos y con la conciencia en conflicto, de utilizar en contra de nosotros la consciencia del pecado, nuestro pasado impío, la ira y el juicio de Dios, el infierno y la muerte eterna, con la finalidad de llevarnos a la desesperación, sujetarnos a él y arrancarnos de Cristo."[26]

Al igual que el apóstol Pablo en 2 Corintios 1:3-4, que habla del consuelo que brindamos a los demás en sus aflicciones como un consuelo que emana del que nosotros mismo hemos recibido de Cristo, Lutero habla a partir de la *tentatio* que él mismo había experimentado. Fuera de toda duda el juicio de Walther von Loenwenich da en el blanco: "El secreto de la competencia de Lutero en el cuidado pastoral consistía en que él mismo había llegado a saber cómo era experimentar los ataques de la desesperación [*Anfechtung*]."[27]

La tríada de Lutero *oratio, meditatio, tentatio* va conformando la vida del pastor quien siempre depende del poder de las promesas de Dios. Las cruces y congojas de la vida pastoral impulsan al pastor a meditar en las palabras del Señor, y la palabra de Dios abre sus labios para la confesión, oración, alabanza, y proclamación con la confianza de que la Palabra divina lleva a término los propósitos de Dios y no vuelve a él vacía.

La teología pastoral como teología de la cruz

La teología pastoral de Lutero es la teología de la cruz en contraste con diversas teologías de la gloria, que dominaron el panorama religioso

---

26 AE 26:10.

27 Walther von Loewenich, *Martin Luther: The Man and His Work,* traducido por Lawrence Denef (Minneapolis: Augsburg Publishing House, 1982), 359–360. Vea también Lennart Pinomaa, "The Problem of Affliction" en *Faith Victorious: An Introduction to Luther's Theology,* traducido al inglés por Walter J. Kukkonen (Philadelphia: Fortress Press, 1963), 89–100 y Mark D. Thompson, "Luther on Despair" en *The Consolations of Theology,* editado por Brian S. Rosner (Grand Rapids: Eerdmans, 2008), 51-74.

del siglo XVI, lo mismo que el siglo XXI. Si bien el uso de Lutero de la terminología exacta, teología de la cruz, es limitado, el enfoque expresado en el término impregna el pensamiento de Lutero. En un comentario sobre 1 Juan del año 1527, el Reformador nota: "Mi trabajo tiene sólo un propósito: mantenerlos en la doctrina que previamente les fue entregada. Mi deseo es mantenerlos en la simplicidad en guardia contra los nuevos maestros. Manténganse en la sencillez y en la antigua doctrina que recibieron. Por sobre todo, tengan cuidado con la jactancia, con el ansia de gloria. De las Sagradas Escrituras vemos que el deseo de jactarse es una tentación del diablo. De ahí que Dios ha ordenado las cosas de tal modo que la Palabra del evangelio sea la Palabra de la cruz. Es designio de él quitar de en medio esa gloria desprovista de contenido."[28]

De modo similar, Lutero expresa la *theologia crucis* en su comentario sobre el *Magnificat* de 1521, en que escribe acerca del doble trabajo de Dios al describirlo con los términos de ley y evangelio, la desbandada de los jactanciosos y la exaltación de los humildes que confían en él. Esta obra de Dios, dice Lutero, "...se hace calladamente y en secreto, y nadie se entera hasta que todo está cumplido; de manera que tal poder, o brazo, sólo es posible comprenderlo por la fe."[29] El sufrimiento no es una señal de que Dios ha olvidado a los que le son fieles, y la prosperidad material no debe confundirse con un endoso divino. Hablando del modo de actuar de Dios, como de aparente debilidad, dice Lutero: "Él permite que los piadosos queden desprovistos de poder y que se los humille, hasta que todos crean que su fin está próximo, en tanto que precisamente en todo esto él está con ellos con todo su poder, aunque tan oculto y secreto que hasta los que son oprimidos no lo sienten sino sólo creen. Allí se manifiesta la plenitud del poder de Dios y su brazo extendido. Porque donde caduca la pujanza del hombre, allí comienza el poder de Dios, comienza con tal que la fe esté presente y confíe en él. Y cuando el agobio llega a su fin, queda manifiesto qué poder tan enorme estuvo oculto por debajo de la debilidad. Hasta Cristo se encontró desprovisto de poder en la cruz; y sin embargo allí llevó a cabo su obra más poderosa y venció al pecado, la muerte, al infierno, al diablo, y a todo lo malo.[30]

La teología de la cruz brinda enfoque y guía a su predicación y cuidado de las almas, porque no se centra en la sabiduría humana que trata de obtener justicia mediante la obediencia de la ley, el ejercicio del libre

---

28 AE 30:240-241.

29 AE 21:339.

30 AE 21:340.

albedrío que presume ser libre, o la aplicación de los principios de la razón. A modo de contraste, Lutero sostiene que la justicia que salva se encuentra solamente por la fe en el Mesías crucificado. Es la sabiduría de la cruz que interpreta todo lo que tiene que ver con la vida del creyente.[31] Hermann Sasse capta este aspecto esencial de la teología de la cruz de Lutero: "Obviamente la 'teología de la cruz' no quiere decir que para un teólogo el año eclesial queda reducido a nada más que al Viernes Santo. Antes bien, significa que la Navidad, la Pascua y Pentecostés no se entienden sin el Viernes Santo. Después de Ireneo y Atanasio, Lutero fue el más grande teólogo de la encarnación. Lo fue porque en el trasfondo del pesebre vio la cruz. Su comprensión del triunfo de la Pascua fue idéntica a la de cualquier teólogo de la iglesia oriental. Lo comprendió porque entendió la victoria del crucificado. Lo mismo puede decirse de su comprensión de la obra del Espíritu Santo. Todo se entiende siempre a partir de la cruz, porque oculta en la cruz se encuentra la más profunda esencia de la revelación de Dios. Debido a que esto es así, es que la teología de la cruz de Lutero (*theologia crucis*) viene a ser algo más que sólo una de muchas teorías teológicas que aparecieron en la historia del cristianismo. La teología de la cruz se erige en contra de lo opuesto, la teología que prevalece en la cristiandad, la teología de la gloria (*theologia gloriae*) como lo llama Lutero, y afirma ser la teología correcta y basada en las Escrituras con la que la iglesia de Cristo se mantiene de pie o sucumbe. Sólo de la predicación de esta teología, afirma Lutero, puede decirse que es la predicación del evangelio."[32]

Para Lutero, la teología de la cruz señala el hecho de que Dios llega al género humano en el niño de Belén y el hombre del Calvario, Jesucristo. En este sentido es, en el lenguaje de Lowell Green, una "teología desde abajo".[33] El cuidado pastoral no es una técnica que persuade a la gente a una relación con

---

31 Aquí vea Regin Prenter, *Luther's Theology of the Cross* (Philadelphia: Fortress Press, 1971). Prenter escribe: "Ya en sus inicios de expresar pensamientos, Lutero consideró a la teología de la cruz no meramente como una parte de la teología sino como la teología en su totalidad, es decir, teología en la medida en que realmente está capacitada de comprender la unidad subyacente a la antítesis de las obras divinas: La justicia de Dios bajo su juicio, su gracia bajo su ira, la vida que otorga incluso en medio de la muerte, su poder de transformar el mal actual en algo bueno" (2).

32 Hermann Sasse, "The Theology of the Cross" en *We Confess Jesus Christ.* Traducido y editado en inglés por Norman E. Nagel (Saint Louis: Concordia Publishing House,1984), 39. Tómese nota también de Walter Künneth acerca del significado de esta teología de la cruz: Interconectándose así con Pablo y, no como último recurso, mirando atrás hacia Lutero, la *teología crucis* se percibe como el corazón de la doctrina evangélica de la salvación." Walther Künneth, *The Theology of the Resurrection,* traducido al inglés por James W. Leitch (Saint Louis: Concordia Publishing House, 1965), 150.

33 Vea Lowell C. Green, "Martin Luther on Coming to God from 'Below' in Its Implications for the Church Today" en *A Reader in Pastoral Theology.* Editado por John T. Pless (Fort Wayne: Concordia Theological Seminary Press, 2002), 42.45.

Dios basada en la ley, la voluntad, o la razón. En vez de esto, el cuidado pastoral evangélico es Dios que se acerca a los pecadores en Cristo. Es Dios que se acerca a los que no pueden salvarse a sí mismos, al venir a nosotros por los medios que ha instituido: el Bautismo, la predicación, la absolución y la Cena del Señor. Para Lutero, el cuidado pastoral siempre es la predicación o la proclamación en el sentido más amplio del término, porque tiene que ver con la entrega de la promesa divina en la palabra de la Escritura, la palabra predicada, y la palabra sacramentada.

La teología de la cruz no va a permitir que la predicación de la cruz se convierta en una predicación *acerca* de la cruz. Tómese nota de las palabras de Lutero en su tratado "Una meditación sobre la Pasión de Cristo" (1519): "Hay personas que meditan sobre la pasión de Cristo desahogando su enojo en contra de los judíos. Esto de vociferar y despotricar contra ese miserable Judas les encanta, porque tienen la costumbre de manifestar el resentimiento que tienen de otras personas, de condenar y denostar a sus adversarios. Podrá ser una meditación sobre la perversidad de Judas y de los judíos, pero nunca sobre los sufrimientos de Cristo... Algunos hay que sienten lástima de Cristo, lamentan y lloran su inocencia. Son como las mujeres de Jerusalén que iban detrás de Jesús, a las que Jesús reprendió diciéndoles que les sería mejor llorar por sí mismas y por sus hijos (Lucas 23:27-28)... Contemplar la Pasión de Cristo con un corazón angustiado y una conciencia desesperada, es la manera correcta de hacerlo."[34] Lutero prosigue diciendo: "Descargas tus pecados sobre Cristo cuando crees con toda firmeza que sus heridas y sufrimientos son tus pecados, con los que él carga y por los que él paga, tal como leemos en Isaías: "...pero el Señor descargará sobre él todo el peso de nuestros pecados" (Isaías 53:6). San Pedro dice: "Él mismo llevó en su cuerpo nuestros pecados al madero" (1 Pedro 2:24). Y San Pablo lo expresa así: "Al que no cometió ningún pecado, por nosotros Dios lo hizo pecado, para que en él nosotros fuéramos hechos justicia de Dios (2 Corintios 5:21). A éstos y pasajes similares debes arriesgarlo todo."[35] Predicar acerca de la cruz sería un discurso que describe los acontecimientos del Viernes Santo, pero predicar la cruz es definir al Cristo crucificado como Dios para ti, a fin de que el oyente llegue a saber que la pasión de Jesús es el remedio de Dios para la conciencia infestada y atormentada por el pecado. La predicación de la cruz suscita la fe, la confianza en la promesa divina de que en Cristo, Dios, él mismo, está a favor de los pecadores y no en contra de ellos.

---

34 AE 42:7-8.

35 AE 42:12.

Los medios del cuidado pastoral

La evaluación de Walter von Loewenisch llega al meollo de la cuestión. "La teología de la cruz es teología de la fe."[36] Es decir que la fe recibe y echa mano de todo lo que Dios nos da en su Hijo crucificado, quien solo es nuestra justicia y vida. Lutero tiene en claro que el trabajo del cuidado pastoral está encauzado por la palabra de la cruz que se brinda en el sermón y en el sacramento, a fin de que la fe viviente, fe en Cristo, pueda ser creada y mantenida. La confesión del tercer artículo del Credo Apostólico, en el Catecismo Menor, "Creo que por mi propia razón o poder no puedo creer en Jesucristo, mi Señor, ni venir a él, sino que el Espíritu Santo me ha llamado por el evangelio, iluminado con sus dones, santificado y conservado en la verdadera fe", no se limita a una descripción de la obra del Espíritu en la conversión. Para el creyente es una realidad continua. Sin la palabra de la cruz resonando continuamente en los oídos y el corazón del creyente, la fe se marchita, la única verdadera fe; los pastores deben predicar y enseñar, pronunciar la absolución, hacer que los pecadores recuerden su Bautismo arrepentidos, y distribuir el cuerpo y la sangre de Cristo para el perdón de los pecados.

Al predicar el martes de Pascua de 1529 sobre Juan 20:19-23, Lutero pregona: "Después de haberlos fortalecido en la fe en su resurrección mediante su Palabra y obra, les encomienda el oficio de la predicación y les otorga poder y autoridad para perdonar y retener pecados. De esta manera hace ver en qué consiste el oficio de la predicación, vale decir, un oficio del cual depende nuestra vida y salvación. Por medio de su boca nos trae la salvación. Encomienda su Palabra a seres humanos. La Palabra, si bien es predicada por seres humanos, trae vida y salvación. Es un oficio y una Palabra admirables que él les encomienda a sus discípulos, y por esto debería ser motivo de gran apreciación. San Pablo ensalza la Palabra del perdón de pecados en todas sus epístolas. Para él, el oficio de la predicación es tan valioso que lo llama 'la Palabra de la reconciliación con Dios' y 'una proclamación' en nombre de Cristo (2 Corintios 5 [:19-20]), 'un ministerio del Espíritu' (2 Corintios 3 [:8])."[37] La predicación es la entrega del perdón de

---

[36] Walther von Loewenich, *Luther's Theology of the Cross,* traducido al inglés por Hert J. A. Bouman (Minneapolis: Augsburg Publishing House, 1976), 21.

[37] AE 69: 352-353. Acerca de la comprensión de la predicación de Lutero, vea Oswald Bayer, "Preaching the Word" *Lutheran Quarterly* (Autumn 2009), 249–269; Fred Meuser, *Luther the Preacher* (Minneapolis: Augsburg Publishing House, 1983); y H. S. Wilson, "Luther on Preaching" en *The Pastoral Luther: Essays on Martin Luther's Practical Theology* editado por Timothy J. Wengert (Grand Rapids: Eerdmans, 2009), 100–114.

Cristo a los pecadores. En este sentido, la predicación tiene un alcance que va más allá del púlpito y abarca todo lo que el pastor hace al administrar el evangelio en las diferentes situaciones de la vida, tanto corporativa como individualmente.

En la vida de Lutero el sermón y el sacramento van juntos. El perdón de pecados se encuentra en el núcleo del sacramento. Llega al meollo de la cuestión con la triple repleción de "por ustedes dado" y "por ustedes derramada para remisión de los pecados" en la sexta parte principal del Catecismo Menor. Oswald Bayer hace la observación: "No es por casualidad que Lutero se concentra sobre la triple repetición de las dos frases 'por ustedes dado' y 'derramada para remisión de los pecados'". El acercamiento de Dios hacia el pecador, la promesa que crea la fe, garantizada por la muerte y resurrección de Jesucristo, no puede resumirse más sucinta y concretamente que con estas palabras. Esto debe decirse explícitamente como una crítica al discurso que despersonaliza acerca del 'pan de vida', o al menoscabo de la Cena del Señor, queriendo convertirla en un festival genérico del amor. La Cena del Señor no es una celebración difusa de la vida sino que está definida de manera muy precisa por la unión entre la Palabra de Cristo con su poder efectivo y la fe."[38]

El perdón ganado en la cruz se entrega en la Santa Cena. "De ahí que es absurdo que ellos digan que el cuerpo y la sangre de Cristo no se dan ni derraman por nosotros en la Cena del Señor, y que por consiguiente no podemos tener perdón de pecados en el sacramento. Aunque la obra tuvo lugar en la cruz y el perdón de pecados ha sido adquirido, no hay sin embargo otro medio que no sea la Palabra para que nos sea adjudicado."[39] Así, Lutero insta a los creyentes aterrorizados por sus pecados y acosados por el diablo, a que vayan a la Cena a fin de recibir el testamento de la obra expiatoria de Cristo, el perdón de los pecados.

Junto con la predicación y la Cena del Señor, Lutero valora la confesión y absolución como medios de cuidado pastoral. En la confesión y absolución no se concentra la atención en la confesión per se, sino en la absolución. Disociada de la absolución, la confesión se convierte forzosamente en otro empeño por salvarnos nosotros mismos. Es entonces que el viejo Adán comienza a considerar que sus cuentas con Dios están saldadas porque su confesión fue completa y profundamente sincera; o que ha sido tan piadoso y valeroso como para hacer de la confesión privada una parte

38 Oswald Bayer, *Martin Luther's Theology: A Contemporary Interpretation,* traducido al inglés por Thomas Trapp (Grand Rapids: Eerdmans, 2008), 272.

39 LC V:31, Kolb/Wengert, 469.

de su disciplina espiritual. En la iglesia medieval era un requerimiento que no menos de una vez al año debía uno ir al confesionario y enumerar pecados particulares, lo cual había transformado la confesión en una sala de torturas más que una ocasión para que los huesos quebrantados pudieran gozarse con la Palabra del Señor: "Te perdono todos tus pecados." Es aquí donde Lutero hace pasar la antigua práctica de la confesión privada por el tamiz del evangelio a fin de que pudiese ser reivindicada por causa de las conciencias aterrorizadas. De esta manera Lutero desarrolla cinco puntos principales en su "Breve exhortación a la confesión", incluida en el Catecismo Mayor:

> La confesión debería ser voluntaria y libre de la tiranía papal.
>
> La práctica de la confesión debería estar exenta de la irrazonable y tortuosa exigencia de que el penitente esté capacitado para enumerar sus pecados.
>
> Al pueblo debería enseñársele cómo hacer uso de la confesión de un modo evangélico para el consuelo de las conciencias atribuladas.
>
> No debería echarse mano de la libertad cristiana como una excusa para dejar de lado la confesión privada.
>
> La confesión privada tiene lugar junto a otras formas de confesión en la iglesia (quinta petición del Padrenuestro en que confesamos ante Dios y el prójimo).[40]

Estos temas pastorales quedan reflejados en el breve orden para la confesión de Lutero incluido en el Catecismo Menor.[41] Con la inserción de un breve orden para la confesión entre el Santo Bautismo y el Sacramento del Altar, Lutero tenía la intención de enseñar al pueblo el uso evangélico de la confesión y absolución. "El debate de Lutero respecto de la confesión, junto con el perfil de su rito litúrgico, refleja el modo en que redefine la esencia y la práctica, de manera que deja de ser una carga, y en vez de esto llega a ser un instrumento por el que se comunica el evangelio personalmente al individuo."[42]

---

40 "A Brief Exhortation to Confession", 476–480.

41 The Book of Concord, 360–362.

42 Charles Arand, That I May Be His Own: An Overview of Luther's Catechisms (St. Louis: Concordia Publishing House, 2000), 169.

El enfoque de Lutero respecto al cuidado pastoral está centrado en la predicación de la cruz y la administración de los sacramentos para consuelo de las conciencias atribuladas y el fortalecimiento de la fe, a fin de vivir junto a la cruz en la alegre esperanza de la resurrección. Arraigado en la palabra de Dios y los sacramentos, el trabajo del pastor en lo que respecta al cuidado del rebaño incluye amonestación, consolación, y apoyo en la vida y en la muerte.[43]

---

43 Vea aquí Reinhard Slenczka, "Luther's Care of Souls for Our Times" Concordia Theological Quarterly (January 2003), 33–63.

CAPÍTULO 1

LA VISITACIÓN Y LOS CATECISMOS: DIAGNOSIS Y REMEDIOS

Quiera Dios, el Padre de las misericordias, concedernos por su amado Hijo Jesucristo el Espíritu de unidad y de poder para hacer su voluntad. Si bien entre nosotros prevalece el pleno espíritu de unidad, aún tenemos las manos llenas de cosas buenas para hacer y quedar cimentados en el poder de Dios. ¿Qué sucedería si hubiese desunión y desacuerdo entre nosotros? Este año el diablo no se ha vuelto ni pío ni devoto, ni nunca llegará a serlo. De modo que estemos en guardia y ávidos por mantener (como enseña Pablo) la unidad espiritual en el vínculo del amor y de la paz (Efesios 4:3).[44]

Visitas: Una práctica católica

Puede afirmarse que poner en práctica las visitas es algo que se remonta a la iglesia del Nuevo Testamento, en que después del Concilio Pablo le dice a Bernabé: "Volvamos a visitar a los hermanos en las ciudades donde hemos anunciado la palabra del Señor, para ver cómo están" (Hecho 15:36). El término "visitación", o visita, llegó a ser de uso corriente en el siglo IX, pero la práctica se remonta a principios del siglo V , en que se esperaba que los obispos llevaran a cabo visitas oficiales a fin de examinar, inspeccionar, enseñar y, de ser necesario, corregir prácticas erróneas en la vida de las parroquias. Un modelo para tales visitas lo encontramos en el siglo X en un cuaderno de instrucciones preparado por el abad Regino Prumiensis, escrito por orden del arzobispo de Tréveris, el cual incluía un inventario de noventa y seis ítem de averiguación que debían centrarse en las condiciones generales de la vida de las parroquias, la integridad de la vida del clero y el cuidado pastoral.

A fines de la Edad Media, la práctica de las visitas había mermado gradualmente. A principios del siglo XV, Jean Gerson presentó una apasionada súplica en favor de una reforma eclesiástica que incluía un esquema para las visitas a las parroquias. "De este modo, en tanto que los reformadores del siglo XVI aseveraban en sus proclamas haber reavivado una antigua práctica por mucho tiempo considerada obsoleta, pudieron, de hecho,

---

44 AE 40:273.

construir sus propios procedimientos de visitas basados sobre precedentes probados y establecidos."[45]

Un intento de reforma

El 24 de junio de 1524, el elector Juan el Constante (1468-1532) escribió a Lutero sugiriéndole una visita: "Quiera Dios escuchar nuestro motivo de queja, pero lo cierto es que hay muchos entusiastas, y están causando graves problemas por aquí. Pero opino que no habría medio mejor de aquietar los ánimos que el que usted se tome un tiempo para viajar de ciudad en ciudad en este principado y ver por sí mismo (como lo hizo Pablo) qué clase de predicadores atienden a los fieles en las ciudades. Creo que aquí en Turingia difícilmente podría usted llevar a cabo una tarea mejor. Cualesquiera predicadores calificados como ineptos podría usted despedirlos con la ayuda de las autoridades."[46] Un primer intento de visita se hizo después del inicio del año de 1525, cuando el Elector Juan comisionó a Jacob Strauss, el pastor de Eisenach y a Burkhard Hund de Wendheim, concejal del duque, a que visitaran las congregaciones de Eisenach y sus alrededores. Strauss quedó solo, porque Hund no pudo participar en la visita. El primer intento resultó inútil. Se hizo un segundo intento en marzo del mismo año, y esta vez el visitador estuvo provisto de documentación que autorizaba el trabajo. El 2 de mayo de 1525 el pastor Nicholas Hausmann llevó a cabo otra visita en Zwickau.

En la creencia de que una supervisión insuficiente había sido la causa del aumento de abusos en la iglesia antes de la Reforma, Lutero reconoció la necesidad de una supervisión evangélica practicada mediante una visita. Preocupado por las condiciones caóticas de las congregaciones de Sajonia, Lutero apremió al Elector Juan a que tomara medidas que aseguraran la estabilidad y el buen orden en la vida religiosa y social de su territorio.[47] En 1527 Juan expidió *Instrucciones y órdenes para el despacho de visitadores,*

---

45 Gerald Strauss, "Visitations" en *The Oxford Encyclopedia of the Reformation*- volumen editado por Hans Hillerbrand (Oxford: Oxford University Press, 1996), 238.

46 Citado de WA BR 3:310/44ss en Heinrich Bornkamm, *Luther in Mid-Career 1521-1530* traducido por E.Theodore Bachmann (Philadelphia: Fortress Press, 1983), 485.

47 "Lutero dio el paso decisivo y –así lo vio él, en todo caso–, le dijo a los príncipes que 'motivado por el amor cristiano' deseaba que se nombrara a ciertas personas como visitadoras. Deduce el oficio de visitadores del sentido original del término 'obispo' y 'arzobispo' (WA 26, 197, 17ss). Aunque también aquí considera al obispo como el pastor (*Pfarrherr*), quien 'debe visitar, vigilar y supervisar a sus parroquianos' (*pfarrkinder besuchen, warten und auff sehen sol*), 'el arzobispo debe visitar, vigilar, y supervisar a tales obispos para ver cómo enseñan." Werner Elert, *The Structure of Lutheranism,* traducido por Walter Hansen (St. Louis: Concordia Publishing House, 1962), 372.

un catálogo de asuntos que debían ser investigados por equipos de cuatro visitadores nombrados a tal fin. Sin embargo, el documento no logró cumplir con su objetivo.

Melanchton estableció entonces un proyecto de *Instrucciones para los visitadores de pastores de parroquia*. El documento proveería una plataforma teológica para los visitadores. Juan Agrícola (1492-1566)[48] puso objeciones al documento, porque creyó que Melanchton hacía concesiones a los romanistas. En noviembre de 1527 Lutero consiguió que se reunieran Agrícola y Melanchton para intentar llegar a un acuerdo con sus posturas competitivas respecto al arrepentimiento y a la fe, que era lo que motivaba la objeción de Agrícola al documento de Melanchton. Consultas y correspondencia posteriores dieron por resultado revisiones y un borrador final de artículos para visitas, pero no sin que el Elector inquiriese respecto a una concesión temporal de la comunión con una especie[49] y cuestiones de matrimonio.

A principios de 1528 el Elector ordenó a Lutero preparar un prefacio para las *Instrucciones*. El prefacio de Lutero comienza con la rememoración de varios ejemplos de visitas no sólo del Nuevo, sino también del Antiguo Testamento. Recuerda, por ejemplo, que Pedro visitó las congregaciones judías, en Hechos 9, mientras que Bernabé y Pablo visitaron los lugares donde habían predicado, en Hechos 5. Hace notar que cuando los apóstoles oyeron cómo la Palabra del Señor fue recibida en Samaria, Pedro y Juan fueron enviados allí. Lutero repara en ejemplos de visitas en el Antiguo Testamento en las narraciones de los viajes de Samuel a Ramá, Nob, y Gilgal. Por sobre todo, Lutero comenta que Cristo Jesús fue el visitador *par excellence*: "Más que cualquier otro, Cristo llevó a cabo esta clase de trabajo en representación de todos, y a consecuencia de esto no tuvo sobre esta tierra ningún lugar donde recostar la cabeza o del que pudiese decir que era suyo. Esto ya tuvo comienzo incluso estando en el vientre de su madre, ya que fue con ella a las montañas a visitar a San Juan (Lucas 1:39)."[50]

---

48 Por una exposición detallada de la controversia con Agrícola en la elaboración de las *Instrucciones*, vea Martin Brecht, *Martin Luther: Shaping and Defining the Reformation 1521-1530,* traducido por James L. Schaaf (Minneapolis: Fortress Press, 1990), 264ss. Agrícola argüía que el arrepentimiento es la consecuencia de la predicación del evangelio, haciendo desaparecer así la realidad de la ley, la ira y el juicio de Dios. Vea también Charles P. Arand, Robert Kolb, y James A. Nestingen, *The Lutheran Confessions: History and Theology of The Book of Concord* (Minneapolis: Fortress Press, 2012), 67–72.

49 La cláusula de la comunión con una especie se omitió en la segunda edición de las *Instrucciones* en 1538. Vea Brecht, *Martin Luther: Shaping and Defining the Reformation 1521-1532,* 266.

50 AE 40:269.

Los padres de la antigüedad, comentó Lutero, también practicaron las visitas. En efecto, Lutero arguye que la esencia del oficio episcopal es visitar e inspeccionar. Ser obispo es ser un supervisor o visitador. Los arzobispos supervisan a los obispos. Los obispos supervisan el trabajo de los pastores de parroquias. Pero, sigue arguyendo Lutero, se abusó del oficio y se lo manejó mal. Lutero escribe: "Los sagrados sínodos cayeron en el olvido. En resumidas cuentas, esto es lo que le sucedió a un oficio tan excelente, y nada quedó de él excepto agobiar y censurar al pueblo por razón del dinero, deudas y bienes materiales, además de crear un orden divino como resultado de mascullar antífonas y versículos en las iglesias. No se presta atención a cómo se enseña, qué se cree, cómo se ama, cómo vive su vida un cristiano, ni se enseña cómo cuidar de los pobres, consolar a los débiles, o castigar a los revoltosos. Son todos unos aprovechados y glotones que destruyen lo que es del pueblo y hacen menos que nada por éste. A este oficio le tocó en suerte lo que a toda doctrina y orden sagrado y antiguo: se ha convertido en el sainete y desprecio del diablo y del anticristo con abominable y terrible aniquilación de almas."[51]

Lutero intenta recuperar tan venerable oficio del mal uso político y económico. Considera como necesidad apremiante que el oficio sea restaurado a su prístino propósito espiritual de servicio del evangelio, a fin de contraatacar la confusión, disensión y abusos en las parroquias evangélicas de Sajonia. Con esta finalidad, Lutero elogia al Elector por reconstituir la práctica de las visitas como cumplimiento del oficio del amor cristiano. Gracias a que el trabajo se emprende y conduce como un "oficio del amor", el Elector puede estarse confiado de que está en conformidad con "la voluntad de Dios para provecho del evangelio y el bienestar de los maltrechos cristianos de su territorio."[52]

A modo de prefacio, Lutero refrenda y aprueba las *Instrucciones* de Melanchton. Al hacer la observación de que hubo quienes vieron las *Instrucciones* como una retractación de la enseñanza evangélica, Lutero argumenta que las revisó con sumo cuidado y que están en consonancia con la meta de la palabra de Dios. Lutero vislumbra las *Instrucciones* no como una nueva forma de decreto papal, sino como "un testimonio y confesión de nuestra fe", propuestas con "la esperanza de que todos los pastores devotos y pacíficos que se gozan en el evangelio y se deleitan en ser de una misma mente con nosotros, actuarán como enseña San Pablo en Filipenses 2[:2]. Y respetarán a nuestro príncipe y atento señor."[53] Lutero espera

51 AE 40:270.

52 AE 40:271.

53 AE 40:272.

que las *Instrucciones* sean recibidas con el espíritu y la intención con que se las ofrece. Las congregaciones y pastores deben dar una bienvenida pacífica a los visitadores y subordinarse a la labor de ellos en un espíritu de amor y humildad. Quienes se rehúsan serán conocidos como egoístas e indisciplinados que a la postre se apartan de la causa evangélica y deben ser identificados como "broza en la cancha de la trilla". Lutero agrega además que "no nos amoldaremos a ellos."[54] Aunque el Elector –dice Lutero–, no tiene el llamamiento de enseñar y gobernar en asuntos espirituales, debe sin embargo tratar con esta gente indisciplinada del mismo modo en que Constantino no toleró el disturbio político causado por Arrio.

Las instrucciones

Melanchton Incluye dieciocho ítems en las *Instrucciones:* La doctrina, los diez mandamientos, la genuina oración cristiana, la tribulación, el sacramento del Bautismo, el sacramento del Altar, la penitencia cristiana, la confesión cristiana, la satisfacción cristiana por el pecado, la organización humana de la iglesia, el matrimonio, el libre albedrío, la libertad cristiana, los turcos, la adoración diaria en la iglesia, la suspensión cristiana, el oficio de superintendentes, y las escuelas.

La intención de Melanchton es utilizar las *Instrucciones* para enseñar la doctrina evangélica, y aspira a que se aplique pastoralmente en la predicación y el cuidado de las almas. De tal manera que comienza con una discusión sobre la necesidad de que se prediquen tanto el arrepentimiento como la fe. La fe no puede quedar separada del arrepentimiento. Sin la predicación del arrepentimiento la proclamación del perdón de pecados no sólo sonará como falta de contenido, sino que inducirá a la seguridad carnal. De modo que los predicadores evangélicos deberán predicar la ley en toda su magnitud a fin de que el pueblo llegue a "arrepentirse y contristarse por sus pecados y a temer el juicio de Dios."[55] Tal predicación condena los pecados groseros y externos, pero Melanchton les recuerda a sus lectores que tanto Juan el Bautista como Cristo no descuidaron "el más grande y más importante elemento del arrepentimiento", vale decir, la condena de una falsa santidad que pone su confianza en el mérito o valor humanos.

Con toda claridad Melanchton hace referencia a la enseñanza antinómica de Agrícola al decir que hay quienes han enseñado que el arrepentimiento le sigue a la fe. La ley se predica no para justificar a los hombres,

---

54 AE 40:273.

55 AE 40:275.

sino para revelar y condenar el pecado, y sólo si esto tiene lugar el evangelio será percibido como la buena nueva de que los pecadores son justificados por la fe sin las obras de la ley. La sección sobre "la doctrina" es una breve lección acerca de la necesidad de la correcta distinción entre ley y evangelio.

El doble tema de arrepentimiento y fe se trata en la sección de Melanchton referida a los diez mandamientos. Siendo que por medio de la ley llega el conocimiento del pecado, los mandamientos deben predicarse especialmente para condenar varios vicios, como el adulterio, la borrachera, la envidia, el odio y cosas semejantes. Los mandamientos no se deben explicar solamente. Los predicadores deben decirle a su auditorio que Dios amenaza castigar los pecados, recordándoles ejemplos de la Biblia, para que aprendan a temer a Dios. Tal predicación deberá ocasionar arrepentimiento, es decir, contrición y pesar por el pecado y genuino temor de Dios. Melanchton dice que los predicadores deben "enseñar al pueblo diligentemente que esta fe (fe salvadora) no puede existir sin una seria y genuina contrición y temor de Dios."[56]

En esta sección Melanchton sólo provee un tratamiento explícito del primero y segundo mandamientos. Está más preocupado por presentar un paradigma para enseñar los mandamientos en vez de ocuparse de una exposición más detallada de cada mandamiento, como lo hará Lutero en el Catecismo Mayor. Aquí quiere esbozar el triple modelo de la vida cristiana: arrepentimiento, fe en el perdón de los pecados, y el quehacer de las buenas obras. Las buenas obras han de realizarse porque agradan a Dios y son de utilidad para el bienestar del prójimo.

La índole de la vida de buenas obras del cristiano se trata en la sección siguiente con el título "La verdadera oración cristiana." La sección es un anticipo del tratamiento de Lutero del Padrenuestro en el Catecismo Menor, al hacerse eco de elementos de sermones anteriores de Lutero sobre la oración[57], porque aquí Melanchton acentúa el hecho de que la oración genuina está firmemente anexada al mandamiento y promesa divinos. Dios nos manda orar y prometió escucharnos.

---

56 AE 40:276.

57 Vea "An Exposition of the Lord's Prayer for Simple Laymen" - 1519 (AE 42:15-81) de Lutero, y "On Rogationtide Prayer and Procession" - 1519 (AE 42:83-94). En este sermón Lutero presenta un enfoque evangélico a la oración centrado en la promesa y el mandamiento de Dios. Al reconocer los abusos que se fueron acumulando respecto a la bendición del campo en relación con Rogate (el 5° domingo después de Pascua), Lutero se vale de la ocasión para enseñar que la oración es un don de Dios que debe ejercerse sólo por la fe. Vea también Oswald Bayer, *Martin Luther's Theology: A Contemporary Interpretation,* 343–354 y Martin Lehmann, *Luther and Prayer* (Milwaukee: Northwestern Publishing House, 1985), 3–39.

Siendo que Dios ha prometido escuchar las oraciones de su pueblo, los cristianos no deben tener miedo de orar a causa de sus pecados. Dios da libremente por causa de Cristo, por lo que se invita a los creyentes a presentar sus súplicas con denuedo y sin ninguna duda. Debe enseñárseles a los cristianos que Dios los escucha por causa de Cristo y no por un formulismo repetitivo. Debe instruirse a los cristianos a orar por los bienes tanto espirituales como temporales, sin fijar un tiempo o lugar para la respuesta de Dios.

Melanchton subraya después otros aspectos del Decálogo. Se instruirá a los cristianos a oír y aprender la palabra de Dios, según lo prescribe el tercer mandamiento. La obediencia a los padres y a las autoridades que gobiernan queda indicada en el cuarto mandamiento. Se harán oraciones en favor de las autoridades civiles, y se pagarán los impuestos. Los cristianos vivirán de modo tal "que el santo evangelio no sea vilipendiado ni deshonrado, como se da en el caso de los que en el nombre del santo evangelio alegan estar liberados de pagar diezmos y otros gravámenes temporales."[58]

La vida de buenas obras acarreará tribulación. Los pastores deben estar capacitados para enseñarle al pueblo cómo hacerle frente en cuerpo y alma. Melanchton hace la observación de que los pastores deben enseñarles a su gente que las tribulaciones vienen de parte de Dios para "amonestarnos y espabilarnos para la paciencia."[59] Los cristianos recibirán la enseñanza que los motive a confiar en las promesas divinas y acudir a Dios en medio de las angustias, sabiendo que en la tribulación el diablo intenta arrear al creyente a la vergüenza y al infortunio.

Siguen las secciones que tratan del Bautismo y la Cena del Señor. Se ratifica el bautismo infantil. Se enseñará el provecho de éste, a fin de que el pueblo valore los dones que Dios confiere en el Bautismo y aprenda a apreciarlo no sólo como un tiempo de iniciación para los niños sino como un don para toda la vida del creyente. Melanchton insta al uso del idioma alemán en el rito del Bautismo a fin de que el pueblo entienda las palabras y las oraciones. No es necesario entrar en discusión sobre el crisma, ya que la verdadera unción no se hace con aceite consagrado sino por medio del Espíritu Santo.

A base de las palabras de la institución, de los evangelios sinópticos y de 1 Corintios, Melanchton instruye a los pastores a enseñarle al pueblo que el verdadero cuerpo y sangre de Cristo están presentes en el pan y el vino, no por virtud del poder sacerdotal sino a causa de la institución de Cristo. El sacramento no debe recibirse como si fuera comida ordinaria. Debe instruirse al

---

58 AE 40:287.

59 AE 40:287.

pueblo a recibir el sacramento con las dos especies, porque nadie debe atreverse a alterar la última voluntad y el testamento del Hijo de Dios.

No obstante, Melanchton insta a tener consideración con los cristianos frágiles. Si bien la enseñanza de la comunión con las dos especies deberá enseñarse con claridad y sin comprometerla, se permitirá a los pastores dar la comunión a los creyentes frágiles con sólo el cuerpo del Señor por un tiempo. Melanchton hace la observación de que sería "poco caritativo" e "incluso no cristiano" forzar a estas personas a recibir el sacramento con las dos especies, o de negárselo del todo, no sea que se los haga pecar. Sin embargo, no es el caso con los obstinados que conocen la doctrina pero la rechazan. Que sigan su propio camino. La sección provocó algunas objeciones de parte del Elector, pero Lutero insistió en mantener las *Instrucciones* alineadas con su principio de que solamente la palabra de Dios, y no la legislación o la práctica, cambiarán la índole espiritual.

Se determinan varios puntos respecto a la correcta preparación para el sacramento. En primer lugar, el pastor instruirá al pueblo acerca de lo que es el sacramento, y lo pondrá sobre aviso en contra del abuso que lleve a profanar el cuerpo y la sangre del Señor (1 Corintios 11:27). En segundo lugar, el pastor examinará a todos los comulgantes, indagando acerca de su comprensión del sacramento. Los que no demuestren contrición y vivan en pecado manifiesto no serán admitidos. Melanchton prosigue hablando de la correcta recordación de Cristo en el sacramento, aseverando que "no es que la recepción exterior confortará el corazón, sino que es una señal del consuelo y del perdón de los pecados. Este signo alienta al corazón del penitente a creer que Dios le perdona sus pecados."[60] Así se predicará el sacramento. El perdón no llega por una acción exterior de comer y beber sino por la fe. Finaliza la sección entrelazando la fe y el amor en el sacramento. Quienes participan unánimemente en el cuerpo y la sangre del Señor son mutuamente uno como "un pan", y no deben albergar envidia u odio hacia el miembro que junto a ellos comulga.

A continuación Melanchton incluye un artículo acerca de la verdadera penitencia cristiana, la que considera como un tercer sacramento.[61] Una vez más advierte respecto a la seguridad carnal que pasa por alto e ignora la contrición al hablar del pecado en extensas y genéricas categorías. No se trata simplemente de "conocerse a sí mismo".[62] Uno debe conocer su pecado. Es decir, debe

---

60 AE 40:293.

61 Por una visión de conjunto de la práctica de la confesión y absolución durante la Reforma, vea Ronald K Rittgers, *The Reformation of the Keys: Confession, Conscience and Authority in Seixteenth-Century Germany* (Cambridge: Harvard University Press, 2004).

62 AE 40:295.

sentir "contrición y pesar por causa del pecado y un sincero temor a la ira y el juicio de Dios" (AE 40:295). Los predicadores tienen que predicar la ley de modo tan incisivo que motive "a una persona a temerle a todas sus buenas obras y que entienda que peca incluso con sus buenas obras."[63] La penitencia genuina consta de dos partes. La primera es contrición y pesar *coram deo*. La segunda es la fe de que los pecados serán perdonados por causa de Cristo. La fe sin contrición es presunción y seguridad carnal.

A partir de esta posición apropiada, Melanchton pasa a contrastar la verdadera confesión cristiana con la confesión papal. Se insta a una confesión evangélica. Nuevamente insiste en que "a nadie debe permitírsele comulgar que no haya sido examinado individualmente para ver si está preparado para ir al santo sacramento."[64] No se debe ir al sacramento por mera costumbre sin saber por qué lo necesita. El objetivo del examen es el arrepentimiento y fe en las palabras de la absolución. En contraste con la confesión papal, que agrega la satisfacción a la contrición y la fe, Melanchton señala hacia la obra expiatoria de Cristo, quien hizo satisfacción por nuestros pecados en nuestro lugar.

La estructura humana de la iglesia es un asunto secundario expedido en las palabras del apóstol en 1 Corintios 14:40, de que "todo se haga decentemente y con orden en las iglesias". Los días festivos no se derogan sino que se siguen celebrando con libertad cristiana, para que el evangelio pueda ser proclamado y enseñado. Pero no son asuntos que deban fragmentar a la iglesia. El orden eclesiástico se diferencia del gobierno secular. Las misas y vigilias por los muertos quedarán abolidas porque el sacramento del Altar no es para los muertos sino para los vivos. Tanto el latín como el alemán son idiomas permitidos, pero es razonable utilizar el vernáculo para la instrucción y edificación del pueblo. Se honra a los santos cuando se los muestra como un espejo de la misericordia de Dios y de la gracia en Cristo, y cuando los creyentes se ejercitan en la fe y las buenas obras ejemplificadas en las vidas de ellos.

El matrimonio debe ser tenido en honra como un estado instituido por Dios. A los pastores se los ha instruido a enseñar y actuar con una actitud comprensiva en cuestiones relacionadas con los grados de parentesco prohibidos en el matrimonio. Prevalecerá la libertad cristiana, pero no en el sentido de que cada cual se sienta libre de procurar satisfacción a sus propios sentimientos. Cada cual se comportará de tal modo que pueda tener la conciencia tranquila y servir en amor al prójimo. Las *Instrucciones*

---

63 AE 40:295.

64 AE 40:296.

sustentan la opinión de que en los casos en que los pastores se sientan confundidos o inseguros en asuntos de casuística, procuren el consejo de quienes estén mejor instruidos, o dejen que sigan su curso en manos de las autoridades competentes.[65]

Las *Instrucciones* asumen la cuestión del libre albedrío debido a que el escrito de Lutero en contra de Erasmo había ocasionado un debate en el bando evangélico.[66] Melanchton ratifica el libre albedrío en las obras exteriores, obras reguladas por la ley y el castigo. En estas cosas que están "bajo" él, el hombre tiene libertad. Sin embargo, la "justicia de la carne", que es una justicia secular o justicia civil, no es la justicia que salva. Cuando se trata de la justicia de la fe o la justicia que salva ante Dios, el hombre no es libre. Carece de la capacidad de purificar su corazón. Sin el Espíritu Santo, el hombre natural no puede realizar nada que sea piadoso.

La sección que trata la libertad cristiana está encaminada en contra del mal uso de la libertad concedida por el evangelio. Visto positivamente, Melanchton declara que la libertad cristiana es el perdón de los pecados otorgado por el Espíritu sin relación con los logros humanos. Tal libertad, sigue diciendo, quiere decir que Cristo guía al creyente y lo protege contra el poder del diablo. La proclamación de esta libertad siempre conlleva la advertencia de no volver a caer bajo el dominio de Satanás y del pecado.

---

65 Las leyes civiles controlan el matrimonio. Esto queda reflejado en *A Marriage Booklet for Simple Pastors* de Lutero, anexado al *Small Catechism* (Catecismo Menor) [vea Kolb/Wengert, 367]. Aquí escribe Lutero: "Cuantos países, tantas costumbres", dice el proverbio común. Razón por la cual, siendo que las bodas y el estado matrimonial son asuntos del mundo, nos incumbe a nosotros que somos 'espirituales' ("el clero") o ministros de la iglesia, no ordenar o manejar nada respecto al matrimonio, sino que en vez de esto permitir que cada ciudad y país continúe con sus propias costumbres cual están ahora en uso" (Kolb/Wengert, 367–368). Vea el excelente tratamiento de Scott Hendrix, "Luther on Marriage" (Lutero sobre el matrimonio) *Lutheran Quarterly* (Autumn 2000), 335–350; James Nestingen, "Luther on Marriage", Vocation, and the Cross" *Word & World* (Winter 2003), 31.39; Oswald Bayer, "Luther's View of Marriage" en *Freedom in Response-Lutheran Ethics: Sources and Controversies* (Cambridge), 169–182) y Carter Lindberg, "The Future of a Tradition; Luther and the Family" en *All Theology is Christology: Essays in Honor of David P. Scaer,* editado por Dean Wenthe et al (Fort Wayne: CTS Press, 2000), 133–151. Lindberg escribe: "La aplicación de Lutero de la teología evangélica al matrimonio y la familia, le quitó el carácter de sacramento al matrimonio; desacralizó al clero y volvió a sacralizar la vida de los laicos; se opuso al laberinto de los impedimentos canónicos al matrimonio; pugnó por desenmarañar la madeja de la ley canónica, la ley imperial, y las costumbres germánicas; y gozosamente ratificó la buena creación de Dios, incluyendo las relaciones sexuales. En reciprocidad, fue tal la demanda por Lutero como consejero matrimonial, que con frecuencia éste se quejó por la carga que le fue impuesta" (133).

66 Vea el ensayo de Lutero de 1525 sobre "The Bondage of the Will" (AE 33). Vea también Robert Kolb,*Bound Choice, Election, and Wittenberg Theological Method: From Martin Luther to the Formula of Concord* (Grand Rapids: Eerdmans, 2005); Gerhard Forde, *The Captivarion of the Will: Luther vs. Erasmus on Freedom and Bondage* (Grand Rapids: Eerdmans, 2005) y Hans Joachim Iwand, "The Freedom of the Christian and the Bondage of the Will" traducido por Jacob Corzine en *Logia* (Eastertide 2008), 7–16.

Visto negativamente, la libertad cristiana no es libertad liberada de un gobierno competente y del pago de impuestos. Melanchton explica la aplicación de la libertad cristiana en ayunos y prácticas de adoración. El cristiano está liberado de todo tipo de obligación que se quisiera imponerle con la promesa de devengar la gracia o merecer la salvación.

Una sección referida a "los turcos" es una aplicación de la enseñanza referida a los dos gobiernos. Al gobierno le es dado el poder de la espada para defender, proteger y castigar. Melanchton descarta sin más ni más toda noción de que los cristianos no deberían defenderse contra el turco basándose en que los cristianos no deben, como si fuesen sediciosos, vengarse de sus enemigos. Se puede emprender una guerra justa. Los cristianos deben orar pidiendo la protección de Dios frente al enemigo, lo mismo que estar preparados para defender a sus familias contra la agresión de éste.

"La adoración diaria en la iglesia" provee prescripciones generales para maitines y vísperas. Se dan instrucciones para la predicación de los días miércoles y viernes. Se aconseja a los predicadores en la selección de textos apropiados para la correcta proclamación del arrepentimiento y la fe. Se insta a la predicación de enseñanza catequística acerca de los Diez Mandamientos, el Credo y el Padrenuestro por causa de los niños y los analfabetos. Deberá predicarse sobre el Bautismo, el sacramento del Altar y el matrimonio. Las fiestas se celebrarán desprovistas de superstición. Se recomiendan los Introitos latinos, el *Gloria in Excelsis, el Aleluya, el Sanctus, el Agnus Dei,* y otras secuencias sencillas para las grandes fiestas. Se reconoce que hay diferentes formas de la misa en uso, y que esto no debe ser motivo de disturbio hasta tanto no se logre una mayor uniformidad. Se dan instrucciones para el entierro cristiano y prácticas que tienen que ver con los alumbramientos.[67]

Melanchton pasa luego a discutir el tema de "La correcta suspensión cristiana." Después de una breve defensa del uso correcto de la excomunión, pasa más bien abruptamente a tratar la costumbre del repique de campanas de iglesia, con la intención de prevenir controversias innecesarias y disipar creencias supersticiosas.

"El oficio de superintendente" es la responsabilidad que le cabe al pastor de una región de supervisar a otros clérigos, para asegurarse de que prediquen la palabra de Dios correctamente y administren los sacramentos como corresponde. Se dan instrucciones para disciplinar a los predicadores que yerran o que viven una vida impía y ofensiva. El superintendente

---

67 La Reforma transformó la muerte y el morir. Vea Austra Reinis, *Reforming the Art of Dying: The ars moriendi in the German Reformation* (1519-1528) (Burlington, Vermont: Ashgate Publishing Company, 2007) y Neil R Leroux, *Martion Luther as Comforter: Writings on Death* (Leiden: Brill, 2007).

examinará a los candidatos para la ordenación, así las iglesias quedan resguardadas contra pastores incompetentes.[68]

Hay una sección final que traza el lugar que ocupa la escuela. Después de brindar una base lógica para la educación, es decir, a fin de que los jóvenes estén equipados para un servicio leal en la iglesia y el estado, Melanchton pasa a proveer un plan de estudios en tres reparticiones que abarquen cursos de investigación tanto espirituales como seculares.

Las visitas

En 1528 se comenzó con un plan de visitas general de Sajonia, que continuaría con interrupciones hasta 1531. El territorio quedó dividido en cierto número de círculos que debían ser visitados por equipos compuestos por funcionarios laicos (juristas) y teólogos. Provistos de las *Instrucciones*, los visitadores debían evaluar las condiciones tanto espirituales como económicas de la región, en un trabajo para la unidad en la doctrina y la práctica entre las iglesias. La práctica de las visitas continuaría con una segunda ronda en 1533-1534. En 1555 se procedió a una tercera visita general. Después de la muerte del Elector Augusto hubo un intento de fomentar la teología calvinista en Sajonia, lo que fue promovido por los consejeros de Cristián I, el joven hijo de Augusto y su sucesor. Después de la muerte de Christian el Primero, en 1591, su primo, el duque Federico Guillermo, restituyó a los teólogos luteranos en sus posiciones y comisionó al teólogo de Wittenberg Aegidius Hunnius (1550-1603) a componer artículos de visita a fin de reincorporar la teología de la Fórmula de Concordia a la iglesia sajona.[69] Se llevó a cabo el año siguiente, en 1592. La práctica sería incorporada a varias órdenes eclesiales territoriales y continuaría siendo una característica de la vida eclesiástica luterana.

Los catecismos: *Fruto de las visitas*

Cabe considerar los catecismos de Lutero como una respuesta a tres acontecimientos particulares: (a) La solicitud del pastor Nicolás Hausmann, en 1524,

---

[68] "Porque la necesidad de un examen antes de que un pastor quede consagrado para el oficio, al igual que la necesidad de esto en el curso futuro de la actividad oficial, está indisolublemente comprometida con el particular deber de enseñar." Elert, *The Structure of Lutheranism*, 351.

[69] Por el texto de "The Saxon Visitation Articles of 1592" vea Robert Kolb y James Nestingen (editores), *Sources and Context for the Book of Concord* (Minneapolis: Fortress Press, 2001), 256–261. Estos Artículos se anexaron al *Book of Concord* y fueron parte de la tradición de las visitas que modeló la práctica en los principios del Sínodo de Missouri.

de un catecismo para uso en la instrucción del "pueblo común"; (b) La controversia entre Agrícola y Melanchton respecto del lugar que ocupa la ley en la vida cristiana; (c) un remedio a los males diagnosticados en las visitas de 1528. El impacto que tuvieron las visitas en Sajonia se percibe en el prefacio de Lutero al Catecismo Menor: "La deplorable y desgraciada carencia que poco tiempo antes encontré mientras fui visitador, me ha forzado y apremiado a preparar este catecismo o instrucción cristiana en una tan breve, sencilla y elemental versión. ¡Mi Dios, cuánta desdicha tuve que presenciar! La persona común, en particular la de la aldeas, no conoce nada en absoluto de la fe cristiana, y lamentablemente muchos pastores son maestros completamente inexpertos e incompetentes. ¡Sin embargo, según cabe suponer, todos ellos se llaman cristianos, están bautizados y participan en la Santa Cena, aunque no conocen el Padrenuestro, el Credo o los Diez Mandamientos! Como resultado de esto viven como el ganado o como los animales y, pese al hecho de que el evangelio les ha sido devuelto, han llegado a dominar con fineza el arte de desaprovechar su libertad."[70]

Lutero consideró el Catecismo como un libro para uso del hogar y la congregación. "Aunque destinó el catecismo para los pastores, seguía vislumbrando al jefe de familia como el maestro de primer orden."[71] James Nestingen comenta: "El Catecismo Menor, en forma de lámina y folleto, rápidamente se convirtió en uno de los documentos más importantes de la Reforma luterana. Trasladó el altar de la aldea a la cocina familiar, introduciendo literalmente la instrucción en la fe dentro de la intimidad de la vida familiar."[72] La puntillosa mano de obra literaria evidenciada en las frases matizadas de Lutero y la repetición de palabras clave, transformaron al Catecismo en una herramienta útil para consolidar el mensaje evangélico –que el laicado oía proclamado desde los púlpitos–, como la palabra de Dios que resonaba dentro de ordinarios grupos familiares.

El Catecismo proporcionó un resumen elemental de la doctrina cristiana además de una plantilla para la enseñanza. El modelo de catequesis de Lutero queda bosquejado en el Prefacio al Catecismo Menor: (a) Evite cambios o variaciones en el texto; (b) Después de haber aprendido el texto, enséñele a la gente a entenderlo; (c) Una vez que les enseñó el catecismo menor, incremente con el catecismo mayor.[73] El proyecto de Lutero fue

---

70 "Preface to the Small Catechism", Kolb/Wengert, 347–348.

71 Charles Arand, *That I May Be His Own: An Overview of Luther's Catechisms* (St. Louis: Concorida Publishing House, 2000), 95.

72 James Nestingen, *Martin Luther: A Life* (Minneapolis: Augsburg Fortress Press, 2003), 76.

73 "Preface to the Small Catechism," Kolb/Wengert, 348–349.

que el Catecismo Menor llegase a ser un manual de doctrina cristiana, un libro de oraciones y un libro para la vida cristiana continua.[74]

La estructura teológica del Catecismo Menor está orientada a la correcta distinción de ley y evangelio. Lutero se distancia del tradicional ordenamiento medieval de las partes principales como el Padrenuestro, el Credo y los Diez Mandamientos. Explica su base lógica para la secuencia del Decálogo, Credo y Padrenuestro: "De esta manera los mandamientos enseñan al hombre a reconocer su enfermedad, y lo habilitan para percibir lo que debe hacer o dejar de hacer, consentir o rehusar, y así se reconocerá a sí mismo como una persona pecadora y malvada. El Credo le enseñará y le mostrará dónde encontrar la medicina, la gracia, que le ayudará a ser piadoso y guardar los mandamientos. El Credo le señalará a Dios y su clemencia, que le es dada y hecha clara en Cristo. Finalmente, el Padrenuestro enseña todo esto, a saber, que dentro del cumplimiento de los mandamientos de Dios todo le será dado. En estos tres está lo esencial de toda la Biblia."[75]

Los temas teológicos medulares expresados en los artículos de visitas quedan exteriorizados en el *Catecismo Menor.* La estructura del catecismo en sí obedece al modelo triple de la vida cristiana: arrepentimiento, fe, y vida piadosa. El Decálogo se predica para que se manifieste el arrepentimiento. El Credo es el resumen del evangelio trinitario que crea la fe. El Padrenuestro es la voz de la fe. Los sacramentos fortalecen la fe. Las oraciones diarias y la tabla de deberes tratan de la vida de piedad; la vocación concebida por el evangelio como fe se muestra diligente en el amor, al invocar el nombre del Señor y servir al prójimo en los hechos de la vida. Así como las visitas de Sajonia sirvieron para diagnosticar los padecimientos de la vida de las parroquias en los primeros años del luteranismo, de igual modo los Catecismos de Lutero, tanto el Menor como el Mayor, sirvieron para abordar estas deficiencias y guiar, tanto al pastor como al pueblo, en una vida de congregación, familia, y personal vividas junto a la cruz y en la esperanza de la resurrección.

---

74 El catecismo tiene en cuenta la vida diaria concreta del cristiano sencillo al tomar en consideración tanto el llamamiento como el patrimonio, y sobreentiende que son la posición social en la vida que Dios "nos ha dado en el sistema coordinado de relaciones naturales/humanas, sociales/societarias, como también históricas/culturales." Albrecht Peters, *Commentary on Luther's Catechisms: Ten Commandments,* traducido al inglés por Holgeer Sonntag. Saint Louis: Concordia Publishing House, 2009) 20. De esta manera el catecismo enseña y ejercita a los cristianos en la fe y el amor. "El catecismo quiere instruir ad hoc, no sólo como un libro doctrinal y confesional, sino también como un libro de oración y consuelo" (Peters, 20).

75 AE 43:4.

CAPÍTULO 2

EL CUIDADO PASTORAL EN DÍAS DE ANSIEDAD Y ANGUSTIA

Un emprendimiento con los pies sobre la tierra

Martín Lutero dio lo mejor de sí durante el tiempo de Navidad. Con estricta sencillez, pero al mismo tiempo con profunda introspección, los sermones de Navidad de Lutero hablan de lo humilde del nacimiento del Señor de modo tal que queda prefigurada la cruz. El gran predicador alemán del siglo XX, Helmut Thielicke se gozaba en decir que "el pesebre y la cruz proceden de la misma madera."[76] Y es ciertamente verídico de la predicación navideña de Lutero, filtrada a través de la cruz en que el Hijo de Dios trajo a su culminación el propósito de la encarnación: la muerte de Cristo por los pecadores. El himno de Lutero, tipo balada, "Del alto cielo bajo yo", cuenta la historia de la Navidad con impresionante belleza y claridad al trazar el itinerario del acercamiento de Dios al hombre, de Dios que deja el cielo para venir a la tierra:

"Sé bienvenido, que en bondad
Has visitado al pecador
¿Cómo ensalzar tu caridad,
Y agradecer tan gran favor?

¡Oh, Tú, del mundo gran Señor!
¿Por qué te humillas tanto así,
Que te has dignado con tu amor
Venir cual niño pobre a mí?"
(Culto Cristiano 18, estr. 7 y 8)

La memorable predicación navideña de Lutero y su habilidad poética en relatar el nacimiento de Cristo, quedaron manifestadas pastoralmente en el cuidado que le prodigó a un joven príncipe. En la época de Navidad de 1535 el príncipe Joaquín de Anhalt tenía 26 años de edad. Durante meses había luchado contra una profunda melancolía y depresión. Un año antes, en el verano de 1534, Lutero le había dedicado no poco tiempo, orando

---

76 Helmut Thielicke, *Being a Christian When the Chips are Down,* traducido por H. George Anderson (Philadelphia: Fortress Press, 1979), 101.

por él y hablándole palabras de consuelo y paz del Señor. Sin embargo, los ataques de depresión de Joaquín persistieron. El 25 de diciembre de 1535 Lutero le escribe una tierna pero muy persuasiva carta, que resuena con el más puro evangelio para los que en esta estación se sienten abatidos y desilusionados: "Quiera nuestro querido Señor Cristo reconfortar a Su Gracia con su encarnación. Él se hizo hombre para consolar y mostrar su buena voluntad a todos los hombres, tal como resuena en el cántico de los ángeles en este día: '¡Gloria a Dios en las alturas! ¡Paz en la tierra a todos los que gozan de su favor!'"[77]

Del alto cielo –como lo expresa el himno de Lutero–, viene Dios a nosotros. No necesitamos levantar escaleras en un vano intento por subir hasta su divina presencia. Él viene a nosotros, no cual pavorosa divinidad en mayestática y aterradora presencia, sino en misericordia, cobijado en un pesebre. Este Dios no es nuestro enemigo, sino que es nuestro hermano. Se encubre con nuestra humanidad, viste nuestra carne y sangre. Y en esta carne y sangre absorbe nuestro pecado y sufre y muere en la cruz. Jesús es Emanuel, Dios con nosotros, en nuestro pecado y oprobio. Es Emanuel, a fin de ser Dios para nosotros en el Calvario. Este Señor no ha dejado al príncipe exiliado en su melancolía de día de fiesta. Lutero impregna la mente de Joaquín con el sermón de los primeros predicadores de la Navidad, las huestes celestiales que proclamaron las buenas nuevas del nacimiento de Jesús a los pastores de Belén: Dios muestra su favor a los seres humanos al enviarles a su Hijo. Dios, continúa discurriendo Lutero, no se predispondría a inclinarse hacia nosotros de modo tan afectuoso si fuera nuestro enemigo, si estuviese decidido a aniquilarnos con su ira.

De todo lo que Jesús nos dio a conocer sabemos cuál es la actitud de Dios para con nosotros. Lutero insistió en afirmar que si uno trata de encontrar a Dios prescindiendo de Jesús, lo único que le queda es el diablo. Oswald Bayer, erudito contemporáneo entregado al estudio de Lutero, comenta que si buscamos a Dios dentro de nosotros, ¡lo único que encontramos son fantasmas! Lutero no dirige la atención de Joaquín hacia sus propios pensamientos o emociones. En vez de esto, aparta al príncipe de toda reflexión concentrada en sí mismo. Quién es Dios y cómo está predispuesto hacia él, lo puede llegar a saber únicamente del niño recién nacido de María. Tal conocimiento de Dios no puede hallarse en la naturaleza o en el raciocinio humano. No hay aquí verbosidad sentimental de la presencia de Dios en el cosmos, ahí esperando, accesible para quien lo esté buscando. No se trata simplemente de que Dios está ahí, porque la presencia

77 Tappert, 98.

de Dios sin la cruz y la palabra de la promesa nos llenaría de terror y nos aniquilaría.

Lutero va al grano, recordándole a Joaquín lo que se le enseñó: "Si estamos satisfechos con el Credo y la doctrina, ¿qué importa si aun el diablo y todos los demonios nos atacan? ¿Qué más puede angustiarnos? ¿Quizá el pecado y una conciencia culpable? No obstante, Cristo nos ha librado de estas cargas, incluso mientras nosotros continuamos pecando diariamente. ¿Quién, excepto el diablo, puede aterrorizarnos? Pero mayor que el diablo es él [Dios], que mora en nosotros, por más débil que sea nuestra fe."[78] El niñito de Belén y el hombre del Calvario son uno y el mismo Hijo de Dios. Al encarnar se hizo hombre para destruir las obras del diablo. Nuestra fortaleza está en la confesión del Credo de que Dios se hizo hombre para sufrir y morir por los pecadores. Nuestra confianza se basa en la doctrina, porque la doctrina no es alguna teoría de concepción humana sino la verdad de que Dios está por nosotros de muchísimas maneras. Ciertamente, el viejo y maligno adversario podrá arremeter contra nuestra conciencia, revolver la hez de pecados confesados y perdonados; podrá perseguirnos con los fantasmas de recuerdos angustiosos y espectros de nuestra propia hechura. Aprovechándose de nuestra debilidad, Satanás se reirá de nosotros, nos insultará y provocará, pero a fin de cuentas no podrá dañarnos porque tenemos a otro por Señor. Tenemos un Salvador que se nutre de los pechos de María y pende de una cruz herido y sangrante. Él se interesa por nosotros aun cuando está a la vista que nosotros ya no contamos con el vigor suficiente para aferrarnos a él. La fe podrá ser débil e inestable, ¡pero Cristo es fuerte y confiable!

"Nosotros tenemos que ser débiles, y estamos dispuestos a ser débiles", escribe Lutero, "a fin de que el poder de Cristo pueda morar en nosotros, según lo expresa San Pablo: 'el poder de Cristo se perfecciona en la debilidad'"[79] No hay incentivos superficiales para armarse de valor o desarrollar una actitud más positiva. En la carta de Lutero a Joaquín no hay un llamado a dejar el desaliento y a ponerse a tono con el espíritu de la estación. No se exhorta a Joaquín a encontrar ayuda mediante sus argumentos de autoestima. Lutero en cambio lo reconforta con las palabras del apóstol. En la debilidad Dios despliega su poder de salvar. Desde el humilde pesebre de Belén, pasando por la humillación de la cruz directamente al pozo de la depresión de Joaquín, Dios viene para salvar. Dios obra en las profundidades. En una ocasión Lutero ofendió a Erasmo al afirmar que Cristo

---

78 Tappert, 98.

79 Tappert, 98.

Jesús está con nosotros incluso en la alcantarilla. Jesús no se avergüenza de estar en medio de las moscas de cuadra y el estiércol. No se avergüenza de encontrarse en la compañía de frágiles pecadores.

Consuelo durante la desesperación

Como buen pastor que es, Lutero no trata de levantarle el ánimo a Joaquín apelando a la ley: "¿Acaso no sabes, querido príncipe, que deberías estar regocijándote? Después de todo, es Navidad." Nada de esto hay en la carta de Lutero. Hay, en cambio, el consuelo de la Navidad. Es el consuelo de Cristo que se hace amigo de pecadores, uniéndose a ellos en su debilidad y desdicha.

Lutero fortalece a Joaquín a fin de que se apoye en las promesas de este Cristo, que se permita ser débil para que Cristo sea su fuerza: "Su Gracia todavía no ha traicionado o crucificado a su amado Señor. Incluso si Su Gracia lo hubiese hecho, pese a ello Cristo sigue brindándole su gracia. Él incluso oró por quienes lo crucificaron. Por tanto, tenga buen ánimo. Con el poder de Cristo opóngale resistencia al espíritu maligno, el que no puede hacer otra cosa sino afligir, aterrorizar, o matar."[80] Joaquín no debe confiar en su propia razón o fuerza, sino en el poder de Cristo Jesús quien lo llamó mediante el evangelio para que viva en su reino en eterna justicia, inocencia, y bienaventuranza. Sólo con este Señor puede disiparse la demoníaca oscuridad de la duda. Lutero imprime las promesas de Cristo en las profundidades de la melancolía de Joaquín a fin de que incluso en tales oscuras y sombrías regiones llegue a conocer la paz de Cristo y se aferre a él.

Otro ejemplo del cuidado pastoral de Lutero por una persona que sufría de ataques crónicos de melancolía y depresión espiritual lo encontramos en su actuación con Jerome Weller (1499-1572). Weller era un joven que llegó a Wittenberg para estudiar leyes, pero cambió su trayectoria académica para estudiar teología durante seis años en la universidad.[81] Durante un tiempo vivió en el hogar de Lutero mientras enseñaba a lo hijos de éste. Con frecuencia sufría de depresión y se veía tentado a caer en la tentación de la desesperación y la incredulidad. Lutero se enteró del problema de Jerome mientras estaba en Coburgo en el verano de 1530, aguardando los resultados de la Dieta de Augsburgo. En el mes de julio de aquel verano le escribe a Weller una carta de consuelo y muchos consejos prácticos.

---

80 Tappert, 98.

81 Por más sobre Weller, vea Martin Brecht, *Martin Luther: Shaping and Defining the Reformation 1521-1532*, 378–379.

Al recordarle a Weller que la tentación per se no es una señal de incredulidad sino de fe, Lutero lo anima a que se regocije en la prueba, porque le indica que pertenece a Cristo. Satanás no necesita seducir o atrapar a los que ya son suyos. El objetivo de la tentación es siempre el primer mandamiento, ya que el diablo trata de divorciar al creyente de Jesucristo y atraerlo al reino de la oscuridad. En realidad, Lutero dice que tal tentación es para el cristiano una necesidad, más que comida y agua: "Tiene usted más necesidad de la tentación que de comida y bebida."[82]

Lutero le aconseja a Weller que aprenda a conocer las tácticas que utiliza Satanás para tentarnos. Le dice que reconozca al tentador como lo que es, el león rugiente descrito en 1 Pedro 5:8. Basándose en su propia y nada despreciable experiencia de guerrero enfrentado al enemigo maligno, Lutero identifica las maniobras estratégicas del enemigo: "Yo conozco los ardides del diablo. Si no logra quebrantar a una persona con su primer ataque, trata con perseverancia de desgastarla y debilitarla hasta que caiga y se confiese vencida."[83] La persistencia del diablo tiene que ser contrarrestada con la persistencia de la fe que se aferra a las promesas del evangelio, y no por confiar en los propios recursos de uno.

Con agudo conocimiento de las maniobras y artimañas del diablo, Lutero le ofrece a Jerome algunos consejos prácticos. Le aconseja "evitar debatir con el diablo y no dar ocasión a esos pensamientos nefastos, porque hacerlo no se diferencia en nada de rendirse al diablo y permitirle que se salga con la suya."[84] Lutero aconseja a Jerome que en vez de discutir con su enemigo el diablo, le demuestre todo su desprecio y desdén. Cuando se trata de algo en lo que lleva las de perder, el diablo no le sigue el juego: "En este tipo de tentación y brega, el desprecio es el mejor y seguro método de ganarle al diablo. Ríase de él con desprecio y pregúntele quién se cree que es. Por lo que más quiera, evite la soledad, porque el diablo vigila y le pondrá asechanzas particularmente cuando se encuentre solo. Al diablo se lo vence escarneciéndolo y despreciándolo, nunca oponiéndole resistencia o debatiendo con él. Por lo tanto, Jerome, haga bromas y juegos con mi esposa y los demás de la casa. De este modo expulsará sus pensamientos diabólicos y se armará de valor."[85]

Lutero reconoce que retraerse en soledad puede llegar a ser particularmente problemático, porque es en la soledad que la tan temida ansiedad

---

82 Tappert, 85.

83 Tappert, 85.

84 Tappert, 85.

85 Tappert, 85.

tiende a agrandarse y volverse lóbrega. De manera que Lutero aconseja a Jerome: "Cuando quiera que el diablo lo asedie con estos pensamientos, procure inmediatamente la compañía de otros hombres, beba un poco más, haga bromas y chistes, o encuentre cualquier otra forma de alegrarse. A veces es necesario beber un poco más, jugar, hacer bromas o incluso pecar un poco como un desafío y desprecio, a fin de no darle al diablo la oportunidad de hacernos sentir escrúpulos por pequeñeces. Seremos derrotados si nos preocupamos demasiado acerca de caer en algún pecado."[86] Nadie podrá nunca acusar a Lutero de ser puritano o pietista. Sintiéndose libre en Cristo por el perdón de pecados, Lutero ve que un cristiano timorato como Jerome es presa fácil del diablo, quien tratará de intimidarlo y llevárselo cautivo. Lutero sabe que si Jerome se enclaustra en la soledad y la austeridad de su propio esfuerzo para obtener la victoria sobre las acusaciones demoníacas, será fácilmente vencido por la astucia de Satanás. Su propio esfuerzo por obedecer la ley de Dios es fragmentario e incompleto; difícilmente será capaz de soportar la sagacidad del diablo en la discusión de un rubro indefendible.

En este punto Lutero pasa a instruir a Jerome en lo que es la distinción esencial para sobrevivir en la lucha espiritual, la habilidad de discernir la diferencia entre la ley y el evangelio. Lutero es un maestro consumado en adiestrar a Jerome en la distinción. Así que le dice: "Si el diablo llega a decir '¡No bebas!', usted debe replicar: 'Tomado todo en consideración, siendo que tú lo prohíbes, beberé, y lo que es más, ¡beberé una abundante cantidad! Así, uno siempre debe hacer lo opuesto a lo que Satanás prohíbe."[87] El tono bromista de esta carta no debe tomarse como un ejemplo de traspiés del reformador en la hedionda desmesura de la antinomia. Por el contrario, enseña a Jerome a utilizar la ley y el evangelio en contra del tentador quien, en última instancia, desprecia tanto a una como al otro.

Cuando Satanás se lanza al ataque, la ley no aprovecha. La persona tentada sabe muy bien qué es lo que la ley prohíbe, pero el conocimiento de la ley no es lo mismo que la aptitud de guardar lo que requiere, los mandatos divinos. Lutero reconoce que el diablo es un abogado experto y hábil, capaz de generar evidencia embarazosa y de castigo para condenar al pecador. De ahí que aconseja a Jerome a no debatir nunca con el diablo: "Cuando el diablo nos ataca y atormenta, debemos dejar completamente de lado todo el Decálogo. Cuando el diablo nos da en cara nuestros pecados y declara que merecemos la muerte y el infierno, debemos replicarle así:

---

86 Tappert, 86.

87 Tappert, 86.

'Confieso que merezco la muerte y el infierno. ¿Y qué? ¿Quiere decir que seré sentenciado a la condenación eterna? ¡De ninguna manera! Porque conozco a uno que sufrió e hizo reparación en mi lugar. Su nombre es Jesucristo, el Hijo de Dios. Donde él está, allí estaré yo también."[88] De esta manera insta Lutero a Jerome a no confiar en su propio despreciable esfuerzo de querer cumplir la ley de Dios, sino que cimiente su confianza en la obediencia de Cristo, quien es nuestra justicia.

Una conciencia atormentada no necesita enseñanza moral o lecciones de ética cristiana, sino el perdón de pecados. Lutero conoce la apariencia engañosa de la conciencia cuando ésta adopta una actitud sentimental y tierna respecto al pecado, que siempre está ahí, o cómo puede endurecerse intentando excusar el pecado en vez de arrepentirse. Así apremia a Jerome a albergar sólo a Cristo en su conciencia.

Para Lutero el caso de Jerome no fue un episodio aislado. Hay una charla de sobremesa de diciembre de 1531 en que trata un tema similar. Tiene que ver con una conversación que tuvo con John Schlaginhaufen, quien, al igual que Jerome, se hospedó por un tiempo en el hogar de Lutero, y sufría de depresión. Schlaginhaufen relata que Lutero cita 2 Corintios 12:9 al asegurarle que el poder de Dios se manifiesta en la debilidad humana. Es parte de la fragilidad de nuestra naturaleza humana que cuando no queda nada carnal a qué recurrir, es entonces que Dios demuestra su poder para redimir y sacar a flote.

En esta charla de sobremesa Lutero va hilvanando un número de textos bíblicos tanto del Antiguo como del Nuevo Testamento para instruir y animar a Schlaginhaufen. Se vale de estos pasajes de la Biblia para inculcar en su compañero de mesa la verdad de Romanos 15:4 de que los escritos inspirados se escribieron para proporcionarnos esperanza: "Las cosas que se escribieron antes, se escribieron para nuestra enseñanza, a fin de que tengamos esperanza", etc. Abrahán, Isaac, Jacob, el amado José, Rebeca y Lea ni se imaginan que nosotros hoy pudiéramos leer relatos acerca de ellos. David no sabe que tenemos aquí en Alemania sus

---

88 Tappert, 86–87. El consejo de Lutero a Jerome llegó a ser parte del *Lutheran Service Book Pastoral Care Companion (Acompañamiento pastoral).* Observe el consejo dado a los pastores en la sección sobre "Culpa y vergüenza": "La conciencia despavorida por los recuerdos del pecado se ve frente a la condenación de la ley, la que no brinda paz ni descanso. Ante la situación del cristiano llevado por la ley a desesperar de las misericordias de Cristo Jesús, el pastor tiene que 'dejar de lado todo el Decálogo" (Lutero) y sacar el máximo provecho del evangelio. El pastor conducirá al cristiano acosado a encontrar consuelo en la palabra de la absolución, una palabra que proporciona perdón para los culpables y amparo para quienes están en vergüenza por causa de sus pecados." *LSB Pastoral Care Companion* (Saint louis: Concordia Publishing House, 2007), 307. Esto no está en contra de la antinomia, sino que es una profunda necesidad pastoral evangélica.

Salmos y que en ellos encontramos fortaleza así como él la halló en el pasado. El Señor ayudó a David, quien puso su confianza en Dios. Así también nos ayudará a nosotros que confiamos en él, porque su palabra es sí y amén."[89] Para Lutero, las Sagradas Escrituras no son un "mausoleo del Espíritu" (Schleiermacher) sino más bien el "lugar de respiración" del Espíritu, el sitio del trabajo actual del Espíritu en y por medio de las palabras inspiradas de la Biblia.[90] Lutero utiliza las Sagradas Escrituras vivamente, y lo hace precisamente porque sus palabras son espíritu y verdad, que viven y laten con el Espíritu que es el Señor y dador de la vida. Lutero transporta las palabras de promesa de las Escrituras al tiempo presente, encauzándolas dentro de la situación concreta del oyente, a fin de que éste se edifique y capacite para enfrentar los ataques del maligno en medio de la tribulación. Las Sagradas Escrituras interpretan nuestro sufrimiento a la luz de la inconmovible misericordia y compasión de Dios reveladas en ellas.

La relación amor/odio de Dios con las tribulaciones

Dios mantiene una relación de amor/odio con las tribulaciones. "Dios tanto ama como odia nuestras tribulaciones. Las ama cuando éstas nos motivan a la oración. Las odia cuando nos arrastran a la desesperación."[91] Lutero recurre a referencias bíblicas concretas para dejar claro el punto. Enlaza el Salmo 50:23 ("El que me ofrece alabanzas, me honra") y el Salmo 51:17 ("Los sacrificios que tú quieres son el espíritu quebrantado... corazón contrito y humillado", con la intención de demostrar que aun en el quebrantamiento de la tribulación el creyente pone su vida en manos de Dios con la confianza de que el Señor sigue siendo fiel a su Palabra y no abandonará a los que confían en su compasión. Lutero no trata de restarle importancia al sufrimiento ni brindar consejos de imperturbabilidad para sufrir desconectados de la realidad de la situación que se vive. En lugar de esto el corazón atribulado se brinda a Dios sabiendo que "el Señor oye los apacibles suspiros de los afligidos"[92]

Uno de los aspectos del cuidado pastoral de Lutero es su habilidad retórica de figurar palabras y utilizar imágenes. El hábil manejo de Lutero

---

89 Tappert, 87–88.

90 Vea "Luther as Interpreter of Holy Scripture" de Oswald Bayer, en *The Cambridge Companion to Martin Luther,* editado por Donald K. McKim (Cambridge: Cambridge University Press, 2003), 73–85.

91 Tappert, 87.

92 Tappert, 87.

de esta característica se percibe en su charla de sobremesa al apremiar a Schlaginhaufen a "excomulgar" las tentaciones diabólicas que acometen a su alma, porque son moneda falsa: "Si las tentaciones no ceden, excomúlgalas en el nombre del Señor Jesucristo y di: 'Dios nos prohibió aceptar tus monedas. No provienen de Hungría o Bohemia o Sajonia, sino que fueron acuñadas por el diablo.' Por lo tanto, debemos rehusar sus monedas y no aceptarlas de su mano."[93] De este modo Lutero se involucra en la plática pastoral utilizando imágenes sencillas pero contundentes de excomunión y monedas sin valor, a fin de preparar a su amigo para enfrentar las luchas espirituales que lo habían dominado.

El 7 de octubre de 1534 Lutero le escribió una carta a Matías Weller (1507-1563) el cual, al igual que su hermano mayor Jerome, también sufrió ataques depresivos. El joven Weller fue un músico talentoso y por un tiempo se desempeñó como organista en la iglesia catedral de Freiberg. Reconociendo su apego hacia la música, Lutero le aconseja a Weller que imite el ejemplo de los hombres de Dios del Antiguo Testamento y se goce en el Señor por medio del canto: "Cuando esté triste, por tanto, y cuando la melancolía amenace con tomar las riendas, diga: 'Debo levantarme e interpretar en mi órgano un canto para el Señor (ya sea el *Te Deum laudamus* o el *Benedictus*), porque las Escrituras nos enseñan que a él le agrada oír una canción alegre y la música de instrumentos de cuerda.' Comience entonces a tocar y acompañe cantando, así como hicieron David y Elías, hasta que sus pensamientos tristes se desvanezcan. Si el diablo vuelve e instala preocupaciones y pensamientos tristes en su mente, resístalo varonilmente y diga: '¡Fuera de aquí diablo! Yo ahora tengo que tocar y cantar para mi Señor Cristo.'"[94]

Lo mismo que a Jerome, Lutero insta a Matías a procurar la compañía de otras personas. Aquí, como en otros casos de personas que sufren de depresión, Lutero presta atención a las circunstancias sociales. Werner Elert hace la siguiente observación: "Lutero estaba convencido de que la melancolía del hombre es 'natural', vale decir, que está vinculada con la corrupción de la naturaleza, consecuencia del pecado. Lutero hallaba que la melancolía era –y no hay que darle vueltas–, una 'herramienta' del diablo... él sabe que la melancolía cobra fuerza en la soledad."[95] De manera que Lutero le recomienda a Matías prestar oídos a las voces de sus hermanos cristianos y olvidarse de sus propios pensamientos enfermizos.

---

93 Tappert, 88.

94 Tappert, 97.

95 Werner Elert, *The Structure of Lutheranism*, 467.

Abandonada en la soledad, la mente está con la guardia baja frente al diablo que siembra el desaliento destructivo que nubla la capacidad de pensar. Se le aconseja a Matías que, en vez de estarse sentado en soledad y ponderar esos pensamientos inducidos por el demonio, procure la compañía de otras personas que puedan darle ánimos con su testimonio del consuelo que Dios brinda. Es algo más que un consejo sicológico mundano; Lutero lo considera un modo efectivo de resistir al diablo: "De este modo debe usted aprender a oponérsele y no permitirle que ponga pensamientos en su mente. Si permite que se instale un pensamiento, y le sigue la corriente, le meterá por la fuerza diez adicionales, hasta que finalmente lo doblegue totalmente. De ahí que lo mejor que usted puede hacer es darle al diablo con el puño por las narices, ya de entrada. Actúe como ese hombre que, cada vez que su esposa comenzaba a fastidiarlo y presionarlo, desenfundaba su flauta y tocaba alegremente hasta que ella quedaba exhausta y lo dejaba tranquilo. Así debe usted recurrir a su órgano o convocar a unos cuantos amigos que le hagan compañía, y cantar con ellos hasta haber aprendido cómo resistir al diablo."[96]

Lutero anima a Matías a valerse del "consuelo mutuo de los hermanos", para recibir de sus labios las palabras de consuelo divino. Incluso si Matías no es capaz de mantenerse parado sobre ambos pies, por así decir, puede encontrar apoyo en sus amigos creyentes: "Si está usted convencido de que tales pensamientos provienen del diablo, ya ha obtenido la victoria. Pero dado que usted tiene aún una fe frágil, preste atención a lo que nosotros decimos, quienes por la gracia de Dios lo sabemos, y apóyese en nuestro bastón hasta que aprenda a caminar por sí mismo. Y cuando esta buena gente lo consuele, mi querido Matías, aprenda a creer que Dios le está hablando por intermedio de ellos. Escúchelos y no dude de que ciertamente es la palabra de Dios, que le llega por medio de hombres, la que lo consuela."[97]

Si bien Lutero no cita directamente las palabras del apóstol Pablo de 2 Corintios 1:4 de que debemos consolar a los demás en sus tribulaciones así como nosotros fuimos consolados por Dios, este pensamiento paulino sin duda comunica el modus operandi de Lutero. La palabra de Dios se manifiesta por medio del habla humana, de tal modo que a Matías se le enseña a recibir las palabras evangélicas pronunciadas por sus amigos como las propias palabras de Dios. Matías debe confiar en esas palabras y no en las falaces motivaciones a la incredulidad que luchan en contra de la fe.

---

96 Tappert, 97.

97 Tappert, 97.

Al reconocer que las tentaciones provienen de Satanás, Matías las debe enfrentar en total subordinación a las promesas de Cristo habladas y cantadas en la compañía de otros creyentes.

Felipe Melanchton, colega de Lutero, era propenso a ataques de ansiedad y preocupación. Estando resguardado en el castillo de Coburgo en el verano de 1530 mientras se celebraba la Dieta de Augsburgo, Lutero le proporciona a su colaborador consejo pastoral en una serie de cartas, justamente dos días después de que el bando evangélico hubo presentado la Confesión de Augsburgo al emperador Carlos. Lutero le escribe a Melanchton con la intención de aliviar sus preocupaciones, y le recuerda que Jesucristo es el Señor de su iglesia. La causa "luterana" está en sus manos.

Lutero censura a Melanchton por su descreimiento. Le hace ver que sus preocupaciones han tomado las riendas: "Las preocupaciones controlan su corazón, no por razón de la magnitud de la causa sino motivadas por la enormidad de su escepticismo."[98] Lutero le recuerda a su colega las promesas de Dios de las Escrituras (Salmo 55:22; 145:18) y le dice: "Así las cosas, ¿por qué se atormenta constantemente? Si nuestra causa es falaz, retractémonos. Pero si es verdadera, ¿por qué habremos de hacer pasar por mentiroso a quien nos ha dado tan grandes promesas y nos ha ordenado tener confianza y no desmayar?"[99] Los desleales temores de Melanchton proveen a Satanás de demasiadas armas. "Ruego por usted tenazmente, y estoy profundamente apenado de que ande absorbiendo inquietudes como una sanguijuela haciendo vanas mis oraciones. Cristo sabe si procede de la necedad o del Espíritu, pero yo, por mi parte, no me preocupo demasiado por nuestra causa."[100] Lutero le recuerda a Melanchton que Satanás no puede hacer otra cosa sino matar el cuerpo. Dios puede resucitar a los muertos. Él es la fuente de nuestra confianza inclusive si la causa confesional fracasa.

Quejándose de que escribirle a Melanchton es "como llevar agua al océano",[101] Lutero amaga a ir a Augsburgo él mismo si llega a oír que Melanchton no tiene éxito. Esto le brindaría la oportunidad de ver "los formidables colmillos de Satanás en persona."[102]

Después de recibir una copia de la Confesión de Augsburgo, Lutero le escribe otra carta a Melanchton el 29 de junio de 1530. En ella, aprueba la

98 Tappert, 146.

99 Tappert, 146.

100 Tappert, 147.

101 Tappert, 147.

102 Tappert, 147.

confesión y comenta que ninguna otra cosa se les puede conceder a los papistas. Dice que se sintió angustiado en cuerpo y espíritu. Reconociendo el exasperante poder del maligno, Lutero se ríe del enemigo: "Sé muy bien que él ha jurado matarme y no descansará hasta haberme engullido. Pero si lo hace, se zampará, Dios mediante, un purgante que le reventará la panza."[103] El mensaje de Hechos 14:22 que afirma que para entrar en el reino de Dios es necesario pasar por muchas tribulaciones, es una realidad. La fe abarca todas las cosas, incluyendo lo que no se ve. Lutero evoca como ejemplo el rescate de Moisés de manos del faraón.

Una carta a Melanchton con fecha 31 de julio de 1530, sigue exhortando firmeza: "Considero que usted luchó valerosamente con los demonios esta semana que pasó... lo acompaño en la fe y en el espíritu tanto como me es posible. Pero creo que el frágil Cristo está con usted muchísimo más."[104] Lutero continúa orando por Melanchton, rogando que se mantenga inconmovible y no encubra las abominaciones del papa. Una vez más alude al mensajero de Satanás que lo abofetea, refiriéndose a 2 Corintios 12:7. Refiriéndose a Juan 10:29, Salmo 126:1 y 55:22, Lutero encomienda a Melanchton y la causa de ellos a Dios. Concluye la carta expresando su confianza en la suficiencia de la victoria de Cristo: "[Escribo] desde este castillo repleto de demonios, pero en el que Cristo reina en medio de sus enemigos."[105]

El 3 de diciembre de 1544 Lutero le escribe a Conrado Cordatus (circa 1480-1546).[106] Cordatus, pastor de Brandenburgo, está a punto de desesperar. En medio de la persecución, Dios nos pide que nos regocijemos. Lutero cita Lucas 21:17 y Mateo 5:12 para consolar a Cordatus. El príncipe de este mundo es un "mero vaho"[107] comparado con Cristo. Cristo triunfará. Los cristianos están al mando en medio de sus enemigos: "Exterioramente vivimos en el reino del diablo, de modo que no esperemos ver ni oír cosas buenas por fuera. Pero interiormente vivimos en el reino de Cristo,

---

103 Tappert, 149. El lenguaje de Lutero está lleno de colorido, al punto de ser humorístico cuando se describe a sí mismo como un purgante revienta- intestinos. Lutero utiliza con frecuencia el humor como una herramienta del cuidado pastoral. Para más información, vea "Facetious Pastoral Care" (Cuidado pastoral jocoso) en Eric Gritsch, *The Wit and Wisdom of Martin Luther* (Minneapolis: Fortress Press, 2006), 57–64.

104 Tappert, 154.

105 Tappert, 155.

106 Vea Robert Rosin, "Conrad Cordatus" en *The Oxford Encyclopedia of the Reformation* (Volume 1) editado por Hans J. Hillerbrand (Oxford: Oxford University Press, 1996), 430 por más información sobre la vida difícil de Cordatus.

107 Tappert, 169.

en el que contemplamos las riquezas de la gloria y la gracia de Dios."[108] El odio que los cristianos experimentan de parte del mundo incrédulo no es algo imprevisto, porque en realidad va dirigido en contra del "dueño de casa", Cristo: "Es nuestra gloria, y la de ustedes, que dejemos que el sol de nuestra doctrina, despejado de nubes, se levante sobre el mundo impío y desagradecido en conformidad con el modelo de nuestro Padre, quien hace que su sol salga sobre malos y buenos. Y siendo que el sol de nuestra doctrina es suyo, no es de admirarse que los de la familia que odian al dueño de casa odien también nuestra doctrina."[109] Lutero emplea alusiones a 2 Corintios 6:8 para levantar el ánimo de Cordatus: "En nuestra peregrinación recibiremos honra y deshonra, mala fama y buena fama, odio y amor; seremos desconocidos para unos y bien conocidos para otros, rodeados de amigos y enemigos, hasta que lleguemos allí donde no hay sino amigos, al reino de Dios Padre."[110]

Es el diablo quien está detrás de toda ansiedad y preocupación con su persuasiva propaganda dirigida a denigrar la veracidad de la promesa divina. Lutero aspira a que el cristiano esté consciente de las artes engañosas del diablo y preparado para confrontarlo con el poderoso armamento del evangelio. Quiere decir que el cristiano debe dejarse guiar por la correcta distinción entre ley y evangelio, a fin de que no recurra en última instancia a sus propias obras o a su piedad, sino a Cristo tan sólo. Es una lucha que perdura en la vida; y no finalizará hasta tanto que el creyente, por intermedio de la muerte, llegue a la perfección de la resurrección. No es una batalla a la que el creyente se lanza solo. En la compañía de los que están consagrados a Cristo y compartiendo con ellos un Bautismo y una fe, el creyente está capacitado para afrontar al maligno.[111]

---

108 Tappert, 170.

109 Tappert, 170.

110 Tappert, 170.

111 Aquí vea también "Genesis as the History of the Church between God and the Devil" (Génesis, la historia de la iglesia entre Dios y el diablo) en John A. Maxfield, *Luther's Lectures on Genesis and the Formation of Evangelical Identity* (Kirksville: Reuman State University Press, 2008), 147–151.

CAPÍTULO 3

EL CUIDADO PASTORAL FRENTE A LA DUDA Y LA DESESPERANZA

Sólo Cristo

Un ejemplo del cuidado pastoral de Lutero previo a la Reforma lo encontramos en una carta a George Spenlein escrita en 1516.[112] Spenlein fue un fraile del monasterio agustino de Wittenberg. Respecto de la carta escribe Brecht: "También evidencia que Lutero se había vuelto muy crítico acerca de la justicia meritoria que se suponía uno debía crear para sí mismo, y por eso sintió el deseo de atenerse al don de la justicia de Dios, aunque no le resultó fácil."[113] En la carta Lutero insta a su amigo a aprender a desesperar de sí mismo y a confiar tan sólo en Cristo crucificado.

Reconocerse como pecador no conduce a la desesperación, sino que despeja el camino para confesar a Cristo como amigo de pecadores. Lutero aconseja a su colega monástico: "Tenga cuidado de no aspirar a una pureza tal que lo lleve a no querer que lo consideren pecador, o no quiera ser pecador. Porque Cristo sólo vive en los pecadores. Medite en el amor de Cristo y percibirá su dulce consuelo. Pues, ¿por qué fue necesario que él muriera si podemos tener una conciencia tranquila gracias a nuestras obras y mortificaciones? Consecuentemente, encontrará usted la paz únicamente en él y sólo cuando desespere de sí mismo y de sus propias obras. Por añadidura, aprenderá de él que, ni más ni menos como lo recibió a usted, así hizo de él sus pecados y la justicia de él la hizo suya."[114]

Desembarazados de la justicia propia, la justicia de Cristo nos habilita a apoyar a los débiles y a ayudarlos: "Maldita es la justicia del hombre que se niega a asistir a los demás, basándose en que ellos son peores que él, y que piensa apartarse de ellos y abandonar a quienes debería en tal circunstancia ayudar con paciencia, oración, y ejemplo."[115]

La vida cristiana no se vive en un ambiente aséptico que protege al creyente de todo contacto con los pecadores de carne y hueso. Con delicadeza Lutero le recuerda a Spenlein: "Si al ser de Cristo eres un lirio y una

---

112 Tappert, 109.

113 Brecht, 156.

114 Tappert, 110.

115 Tappert, 111.

rosa, debes saber que vivirás entre espinas."[116] En esta etapa temprana de su carrera, previa a la Reforma, Lutero evidencia señales de la dirección en que se encamina su teología al enfocarla en la necesidad de la muerte expiatoria de Cristo y la eficacia de la justicia del Señor en favor de los pecadores que no cuentan con justicia propia. El camino de la fe no consiste en la seguridad en sí mismo, sino en confiar en los méritos de Cristo tan sólo. Estas tempranas y fraternales exhortaciones dirigidas a un compañero fraile, culminarán a su debido tiempo con el trabajo pastoral del reformador.

Predestinación: *¿Terror o consuelo?*

Algo que parece repetirse para Lutero son la ansiedad y la duda que tienen que ver con la enseñanza bíblica de la elección divina o predestinación. Una laica, Bárbara Lisskirchen, estaba preocupada por la doctrina de la predestinación, una enseñanza que ha incitado a angustiosas especulaciones a más de uno, convirtiéndose en un rompecabezas. En una carta a Bárbara, Lutero la aconseja a considerar la doctrina desde un punto de vista evangélico. Elert, comentando la doctrina de la predestinación de Lutero, escribe: "La paz de conciencia, que es lo que aquí importa, no es la falsa seguridad del sinergismo, como no debe ser tampoco la falsa certidumbre de una noción fatalista de la salvación."[117]

Lutero trae cuatro puntos a la consideración de Bárbara. Primero: identifica la tentación de ella como una invitación horrorosa a la incredulidad, motivada por el diablo en persona. Es una "flecha incendiaria" del maligno (Efesios 6:16) que también Lutero había experimentado. Es una tentación a querer indagar en las cosas arcanas de Dios. Lutero cita del Salmo 131:1 (...ni son altaneros mis ojos; ni busco realizar grandes proezas, ni hazañas que excedan a mis fuerzas) para desviar la atención de Bárbara de lo que Dios ha ocultado a los ojos humanos y es inaccesible para la razón. No debemos husmear indagando acerca de la majestad de Dios. Segundo: Bárbara debe aprender a preguntarse "¿En cuál mandamiento está dicho que yo deba pensar en este asunto y ocuparme de él?" Ella debe recurrir al Primer Mandamiento para enfrentar a Satanás en tal operación de agresión espiritual. Tercero: si las ideas torturantes continúan, debe ser persistente y no dar el brazo a torcer. "De esta manera siempre debe

---

116 Tappert, 111.

117 Elert, *The Structure of Lutheranism,* 130. Vea también Fredrik Brosché, *Luther on Predestination* (Stockholm: Almqvist and Wiksell, International, 1978).

alejar estos pensamientos de usted y dirigir su atención a los mandamientos de Dios."[118] Cuarto: debe concentrarse en Cristo crucificado. "...el más sublime de los mandamientos de Dios es que tengamos siempre a la vista la imagen de su Hijo amado, nuestro Señor Jesucristo."[119] Lutero entreteje el cuarto punto con la bendición final: "Quiera nuestro amado Señor Jesucristo mostrarle sus manos y su costado y deleitar su corazón con su amor, y quiera usted contemplarlo y escucharlo hasta que en él encuentre su alegría",[120] en alusión a Juan 20:27.

Una charla de sobremesa, apuntada por Conrado Cordatus en el otoño de 1532, retoma la predestinación. Lutero advierte que el cristiano debería evitar la discusión acerca de la predestinación, porque "es como un fuego que no se puede extinguir". En su lugar, se dirige la atención del creyente a los medios de gracia: "Nuestro Señor Dios se muestra tan antagónico a tal disputa que instituyó el Bautismo, la Palabra y los sacramentos como signos de contraataque."[121]

En este discurso Lutero apremia a sus oyentes a abordar la enseñanza de la predestinación en y por medio de Cristo. No nos valemos de la doctrina de la elección como una enseñanza preliminar a Cristo, sino que por el contrario damos por sobrentendido que es un corolario del hecho de que sólo Cristo es el Señor que salva a los pecadores. Utilizando la imaginería del Nuevo Testamento que presenta a Cristo solo como el fundamento, Lutero destaca que los cristianos comienzan por el cimiento (Cristo) y no por el techo (la predestinación): "En Cristo Dios nos ha provisto de una base sobre la cual nos apoyamos y a partir de la cual podemos ascender al cielo. Él es el único camino y la única puerta que conduce al Padre. Si despreciamos este fundamento y en nombre del diablo comenzamos a edificar a la altura del techo, con toda seguridad caeremos."[122]

En su cuidado por los cristianos atormentados por la duda y la desesperanza, Lutero encamina a los desconcertados y dubitativos a olvidarse de sí, y a procurar la justicia de Jesucristo por los pecadores. En su comentario sobre Gálatas, de 1535, escribe: "Por esto nuestra teología es verdadera: nos arrebata de nosotros mismos y nos ubica fuera de nosotros, de manera que no dependemos de nuestro poderío, conciencia, experiencia, persona u obras, sino que estamos supeditados a lo que está fuera de

118 Tappert, 116.

119 Tappert, 117.

120 Tappert. 117.

121 Tappert, 122.

122 Tappert, 122.

nosotros, esto es, confiamos en la promesa y veracidad de Dios, que no nos puede defraudar."[123] Valiéndose del lenguaje de la cruz y las llagas de Cristo, Lutero encamina a la expiación a los que están atormentados por las dudas o tentados a desesperar de la misericordia de Dios. Solamente en la muerte de Jesús por los pecadores tenemos perdón de pecados, y con el perdón la paz de Dios que trasciende tanto la razón como la experiencia. La paradoja de *deus crucifixus* descubre la gloria de Dios en el sufrimiento de Cristo. "De ahí que en la percepción de Lutero la pregunta que ha surgido –que la seguridad que el cristiano tiene en el perdón de pecados no se basa sobre una ilusión–, debe responderse por regla general señalando a Cristo. Él es la base de la noción de la fe en la buena disposición de Dios de perdonar pecados."[124]

Otra charla de sobremesa apuntada por Veit Dietrich en agosto de 1533, trata nuevamente de la doctrina de la predestinación. Aquí Lutero aconseja a los que están preocupados respecto de la certeza de su salvación debido a que no experimentan paz. Lutero le recuerda a su audiencia que la vida cristiana se vive entre pruebas, aflicciones, y cruces. La paz de Romanos 5:1 no debe confundirse con cualquier forma de paz mundana, incluso con la "tranquilidad mental". Al creyente no le faltarán tentaciones en la vida, incluida la de desesperar de la misericordia de Dios impelida por emociones inestables y caóticas. Haciendo la observación de que los cristianos son precisamente los "pobres" a quienes se les anuncian las buenas nuevas, en alusión a Mateo 11:5, dice Lutero: "Debido a que los cristianos siempre son sensibles a los pesares y las aflicciones, por eso el precepto primordial de Dios es que alentemos y consolemos a quienes se encuentran angustiados por sufrimientos. Y por otro lado, quienes se sientan tentados de tal manera deberían permitir que se los anime, y poner fin a su depresión y miedo."[125]

La charla de sobremesa apuntada por Caspar Heydenreich el 18 de febrero de 1542, da a conocer la respuesta de Lutero a quienes usan la doctrina de la predestinación para la especulación en lugar de la fe. Lutero advierte en contra de un enfoque "epicúreo", que no es sino mero fatalismo. Tal enfoque fatalista desecha la pasión de Cristo y los sacramentos. Es la obra del diablo para incitarnos a la incredulidad y la duda. Sería una necedad de parte de Dios darnos a su Hijo y las Escrituras si deseara que dudásemos de nuestra salvación o que no estemos seguros de ella.

---

123 AE 27:387.

124 Elert, *The Structure of Lutheranism*, 108.

125 Tappert, 124.

Dios es veraz y su verdad nos brinda la certeza. Lutero afirma que es necesario hacer una distinción entre conocer a Dios y desesperar de Dios. De Dios no revelado, de Dios arcano, no sabemos nada. Aquí Dios bloquea el camino. "Debemos confesar que lo que trasciende nuestra comprensión es algo de lo que no hemos de preocuparnos."[126] Tenemos que mantenernos fieles a Dios revelado. "Quien inquiera acerca de la majestad de Dios será aniquilado por ésta."[127] Dios nos da a su Hijo a fin de que sepamos que somos salvados. Consecuentemente, "comenzaremos desde abajo con el Hijo encarnado y con nuestro horrendo pecado original".[128] Debemos aferrarnos al Bautismo y a la predicación de la palabra de Dios.

La doctrina de la predestinación no se ha de usar para la especulación. Solamente en la Palabra y el Bautismo encuentra el creyente consuelo al tener que enfrentar los pensamientos inquietantes que provienen del diablo. Tal tentación satánica apunta al Primer Mandamiento. Es una recreación de Génesis 3. Werner Elert comenta: "...la noción de la predestinación no provee en modo alguno un fundamento para la fe, sino que la fe ya debe existir si es que la noción de la predestinación ha de ser del todo tolerable."[129]

Volviendo a su propia experiencia, Lutero rememora el consuelo que obtuvo de Staupitz, cuando se sintió acosado por el asunto de la predestinación. Staupitz le indicó las llagas de Cristo en las que hallamos revelada la misericordia de Dios; con toda certeza allí tenemos a Dios. El ejemplo de Adán y Eva es una advertencia contra todo intento de querer encontrar a Dios fuera de su Palabra, porque tal empeño es algo más que quedar espiritualmente frustrados; termina en la incredulidad, porque Dios se reboza a sí mismo en sus promesas de clemencia y gracia y no permitirá que los pecadores se acerquen a él sino por medio de su evangelio: "Sin la Palabra no hay ni fe ni entendimiento. Es Dios que no se deja ver. Aquí queda bloqueado el camino. Tal fue la respuesta que recibieron los apóstoles al preguntarle a Cristo cuándo restauraría el reino de Israel, porque Jesús les dijo: 'No les toca a ustedes saber.' Aquí Dios desea ser inescrutable y seguir siendo incomprensible."[130] Aparte del niñito de Belén que pasa a

---

126 Tappert, 132.

127 Tappert, 132.

128 Tappert, 133.

129 Elert, *The Structure of Lutheranism,* 122. El libro de Lutero de 1525 en contra de Erasmo, *On the Bondage of the Will* (Del cautiverio del albedrío) es fundamental para el enfoque pastoral de Lutero en relación con este tema. Aquí "Erasmo salió a ganar un debate. Lutero procuró confortar y rescatar a los perdidos". G. Forde, *The Captivation of the Will,* 25.

130 Tappert, 132.

sufrir como el varón del Calvario, Dios sigue siendo una presencia evasiva cuyos procedimientos son inexplicables y cuyo poder es condenación.

No hay consuelo en "Dios arcano" *(deus absconditus)*, sino sólo en "Dios revelado" *(deus revelatus)* que se encuentra en Cristo. Consecuentemente, la teología y el cuidado pastoral comienzan desde abajo junto al pesebre y la cruz, y no arriba en la majestad que aterroriza. "Pablo... desea enseñar teología cristiana, la cual no comienza arriba en las más elevadas cumbres, sino abajo en las profundidades más remotas... Si usted está interesado por su salvación, olvídese de todos los conceptos de la ley, de todas las doctrinas filosóficas, y apresúrese a llegar al niño del pesebre y al seno de su madre y véalo, un niñito, un adolescente, un varón moribundo. Entonces estará capacitado para liberarse de todo temor y error. Tal visión lo mantendrá en la senda correcta. Él [Lutero] expresa lo mismo en la fórmula más concisa: "Procurar a Dios fuera de Jesús es el diablo."[131]

Una charla de sobremesa apuntada por Conrado Cordatus en el otoño de 1531 está dirigida a los que son tentados por la duda y la desesperanza. Lutero aconseja que las personas acosadas por tales tentaciones eviten la soledad y procuren un diálogo con otras personas en relación con los Salmos y las Escrituras. Les recuerda a sus comensales que los poderes humanos no son suficientes para sobreponerse a las dudas. No se explayen en tales pensamientos. Confíen en la palabra de Dios, conscientes de que Satanás tratará de desgastar por medio de una implacable perseverancia a los que no puede arrastrar por la fuerza o por la astucia. Lutero aparta a sus oyentes de sus propios pensamientos y los encamina a concentrarse en las Escrituras y reconocer que "hacer hincapié en tales pensamientos, bregar con ellos, querer vencerlos o desear ociosamente que desaparezcan, logrará tan sólo que se vuelvan más perturbadores y los fortalecerá para la perdición sin proveer un remedio."[132] En esta charla de sobremesa Lutero rememora cómo el Pastor Bugenhagen lo reconfortó, recordándole que "usted no debe desechar mi consuelo, porque estoy convencido de que hablo palabras de Dios desde el cielo."[133] Lutero exhorta a sus compañeros a confiar en la Palabra de Dios en esas temporadas de tentación en que Satanás se muestra persistente con sus tácticas diabólicas para desgastar a los asediados creyentes si es que "no puede arrebatarlos de súbito por la fuerza o la astucia."[134]

---

131 Gerhard Ebeling, *Luther: An Introduction to his Thought*, traducido al inglés por E. A. Wilson (Philadelphia: Fortress, 1972), 235.

132 Tappert, 118.

133 Tappert, 118.

134 Tappert, 119.

Lutero exhorta a Valentine Hausmann, un burgomaestre de Freiberg, a no preocuparse en exceso con sus dudas y ataques de incredulidad. Dios trata con nosotros de modo maravilloso. Las aflicciones son como la espina en la carne de Pablo, porque nos impulsan a clamar al Señor por misericordia. Lutero le dice a Hausmann: "Estar preocupado por su incredulidad es una señal de que Dios no lo ha abandonado." En esta notable carta Lutero aconseja a Hausmann: "Acepte la flagelación como algo impuesto por Dios para su propio bien, así como San Pablo tuvo que soportar una espina en la carne, y agradezca a Dios por conceptuarlo digno de tal incredulidad y terror, porque éstos lo incitarán a incrementar sus deseos de orar y procurar ayuda."[135] Lutero subraya que Hausmann debe aprender a clamar con los discípulos: "¡Creo! ¡Ayúdame en mi incredulidad!" (Marcos 9:24). A Hausmann se lo instruye a no impacientarse porque su fe aparente ser frágil. Más bien debe recurrir al Padre en oración y aferrarse a su Palabra.

Hausmann experimenta lo que Lutero identifica como *Anfechtung*. La palabra *Anfechtung* no tiene un equivalente exacto en castellano. Abarca dudas, disturbio espiritual, desolación, desesperanza y desesperación. A. McGrath hace notar que para Lutero *Anfechtung* se compone de dos aspectos distintos pero inseparables: agresiones "objetivas" al creyente por parte de poderes espirituales desde fuera, y la tensión nerviosa y ansiedad "subjetivas" que estas agresiones producen, por dentro.[136] Dennis Ngien comenta que Lutero consideraba *Anfechtung* una "deliciosa desesperanza," porque rebozado en ella se encuentra el "encantador consuelo de Dios."[137] En sus disertaciones sobre Génesis, Lutero asevera: "Cuando Dios obra, al principio aparta su rostro y parece ser el diablo, no Dios."[138]

Cinco meses más tarde Lutero le escribe otra carta a Valentine Hausmann. En ésta continúa animándolo a recordar la sufrida misericordia de Dios: "Dios no es esa clase de padre que repudia a los hijos enfermos y que cometen errores; si lo fuera, no tendría hijos." Lutero le dice a Hausmann que alce la voz en contra de este "terror" valiéndose del Padrenuestro para

---

135 Tappert, 119.

136 Alister McGrath, *Luther's Theology of the Cross* (Oxford: Basil Blackwell, 1985), 170.

137 Dennis Ngien, *Luther as Spiritual Advisor: The Interface of Theology and Piety in Luther's Writings* (London: Paternoster Press, 2007), 131. Nótese también la observación de Klaus Schwarzwäller: "Él (Lutero) lo experimentó como tortura, aunque para él *Anfechtung* se mantiene junto con la oración y la meditación como indispensable con referencia a las Sagradas Escrituras. En su traducción de Isaías 28:19b, dice: 'Porque solamente *Anfechtung* nos enseña a propen8der a la palabra.'" – Klaus Schwarzwäller, *Cross and Resurrection: God's Wonder and Mystery,* traducido al inglés por Mark Mattes y Ken Sundet Jones (Minneapolis: Fortress Press, 2012), 99.

138 AE 7:103.

combatir al diablo. Si su condición espiritual es tal que no puede orar por sí mismo, lo anima a que con sencillez preste oídos a la voz de alguien que le lea pasajes de los Salmos o del Nuevo Testamento. Es dable observar aquí que Lutero considera las luchas espirituales como continuas y no remediadas mediante soluciones simplistas. Ante ataques crónicos a la conciencia por parte del diablo, se le enseña al agobiado creyente a utilizar el arsenal de las promesas de Dios y la oración.

La práctica evangélica de la oración

Otro resultado adicional del Catecismo Menor en la vida de oración se aprecia en la célebre carta de Lutero a su amigo el barbero de Wittenberg, Peter Beskendorf. Con el título "Un modo sencillo de oración", este tratado de 1535 demuestra cómo Lutero se vale del Catecismo para enseñar a los cristianos a orar. Dice Martin Brecht: "No hay donde se aprecie con tanta claridad la conexión entre el precepto y la libertad en la práctica de Lutero como en su consejo al maestro Peter."[139]

La carta dirigida a Pedro el barbero es una "carta abierta" que brinda instrucciones evangélicas sobre la oración. Aquí vemos al Lutero catequista pastoral, porque ofrece consejos acerca de la práctica de la oración. Una disciplina precisa y una rutina son de gran ayuda. "Buena cosa es hacer de la oración la primer actividad de la mañana y la última de la noche." Sin embargo, la oración no debe quedar limitada a momentos y lugares particulares. Para el creyente "el trabajo es oración", pero para el no creyente "el trabajo no es otra cosa sino maldición". Los cristianos "oran sin cesar" y meditan en la palabra de Dios de día y de noche, conforme al Salmo 1.

Con pleno conocimiento de que la naturaleza humana y el diablo siempre intentan impedir la disciplina de la oración, escribe Lutero: "Cuando siento que se ha enfriado mi disposición a la oración y dejado de ser una alegría debido a otros pensamientos (porque la carne y el diablo siempre impiden u obstruyen la oración), tomo mi pequeño salterio, me apresuro a ir a mi cuarto o, si fuese el día y la hora, a la iglesia donde hay una congregación reunida y, según lo permite la hora, recito quedamente para mí mismo, y palabra por palabra, los Diez Mandamientos, el Credo y, si aún tengo tiempo, algunas palabras de Cristo o de Pablo, o algunos Salmos, justamente así como lo haría un niño."[140] Aunque Lutero brinda a Peter

---

139 Martin Brecht, *Martin Luther: The Preservation of the Church 1532-1546* (Minneapolis: Fortress Press, 1993), 14.

140 AE 43:193.

cierto número de sugerencias pragmáticas respecto al momento y lugar de la oración, pone la mira en el Padrenuestro, los Diez Mandamientos y, con menor insistencia, en el Credo.

Lutero ofrece una "oración modelo" como prefacio al Padrenuestro. La oración comienza con una confesión de falta de mérito a causa del pecado, la fundamenta sobre el mandamiento y la promesa de Dios –haciéndose eco del Catecismo Menor–, e implora al Padre en el nombre de Jesús y en comunión con "todos los santos y creyentes de la tierra".[141] Cada una de las peticiones de la oración de Jesús se usa como una base y plataforma para orar. Lutero le enseña a Pedro cómo descifrar cada petición para la súplica e intercesión. Provee oraciones modelo como también instrucción pastoral para cuando sea necesario. Por ejemplo, Lutero inserta una exhortación parentética, adjuntada a la quinta petición, en relación con la persona que es incapaz de perdonar a su prójimo.

La grandiosa palabra de la oración es "Amén". Es la palabra de fe que nos liga con todos los cristianos: "Finalmente, tome nota de esto, que siempre debe pronunciar el Amén con firmeza. No dude nunca de que Dios en su misericordia con toda seguridad lo oirá y dirá 'sí' a sus oraciones. Nunca piense que, arrodillado o de pie, está solo; preferiblemente piense que toda la cristiandad, todos los creyentes devotos, están ahí, a su lado, y que usted está junto a ellos en un ruego unido y en común que Dios no podrá desdeñar. No termine su oración sin haber dicho o pensado: 'muy bien, Dios ha escuchado mi oración; lo tengo asumido como certeza y verdad.' Es lo que Amén quiere decir."[142]

Pronunciar el Padrenuestro no nos ata a "palabras y sílabas", sino que dirige nuestra atención hacia los pensamientos allí comprendidos. "En ocasiones podrá suceder que me despiste tanto entre las muchas ideas de una petición, que me olvide de las otras seis. Si tal abundancia de pensamientos buenos nos colma, deberemos pasar por alto las demás peticiones, dar preferencia a tales pensamientos, escuchar en silencio y no obstruirlos en manera alguna. En este caso es el Espíritu Santo quien predica, y una palabra de su sermón vale mucho más que un millar de nuestras oraciones. Muchas veces aprendí de una oración más de lo que hubiera aprendido de mucha lectura y especulación."[143] Así como un barbero tiene que poner mucha atención a cómo utiliza su navaja, así debe el cristiano ocuparse de la oración con "concentración y sinceridad de corazón".[144] Lutero concluye:

---

141 AE 43:194–195.

142 AE 43:198.

143 AE 43:199.

144 AE 43:199.

"Éste es, en resumen, el modo en que me valgo del Padrenuestro cuando lo oro. Hasta el día de hoy me amamanto del Padrenuestro como niño, y como varón adulto obtengo alimento y bebida de él y nunca me harto. Es la mejor oración, incluso mejor que el Salterio, el cual aprecio tanto. Es sin duda evidente que un verdadero maestro lo compuso y enseñó. ¡Qué pena tan grande que la oración de tal maestro se parlotea y cotorrea tan irreverentemente por todo el mundo!... Como conclusión, el Padrenuestro es el mayor mártir de la tierra (como lo son el nombre y la palabra de Dios). Todo el mundo lo tortura y abusa de él; pocos son los que hallan consuelo y gozo en el uso correcto."[145]

Reinhard Huetter escribió del "eclipse luterano" de los Diez Mandamientos como texto para la oración y adoración.[146] Tal pérdida no se debe a Lutero.[147] Al igual que el Padrenuestro, los Diez Mandamientos deben recitarse como una oración. Lutero sugiere un patrón cuádruple para el rezo de los Diez Mandamientos: "Tomo una parte por vez y trato de estar lo menos distraído posible a fin de poder orar. Cada mandamiento lo divido en cuatro partes, formando así una guirnalda de cuatro tiras. Es decir, cada mandamiento lo imagino en primer lugar como instrucción, lo cual es en realidad su finalidad, y paso a considerar lo que el Señor Dios me exige tan encarecidamente. En segundo lugar, lo cambio en un agradecimiento; en tercer lugar, en una confesión; y en cuarto lugar, en una oración."[148]

Después, Lutero provee oraciones modelo. Por ejemplo, en el Primer Mandamiento distingue cuatro partes: (1) Instrucción: Dios enseña y espera de nosotros que no confiemos en nadie ni en nada más que no sea él mismo, Dios. (2) Agradecimiento: Dios es nuestro Dios. Él nos ha proveído de todo lo que somos y tenemos. (3) Confesión: reconocemos nuestras "incontables acciones de idolatría" y nuestra ingratitud. (4) Oración: resguárdanos de incredulidad e ingratitud. De esta manera percibe Lutero el Decálogo como proveedor de múltiples aspectos para la oración. Escribe: "Éstos son los Diez Mandamientos vistos en su cuádruple dimensión, es decir, como texto escolar, libro de cantos, libro de penitencia y libro de

---

145 AE 43:200.

146 –Reinhard Huetter, "The Ten Commandments as a Mirror of Sin(s): Anglican Decline-Lutheran Eclipse" *Pro Ecclesia* (Winter 2005), 46–57.

147 Vea, por ejemplo, el uso catequético de Lutero del Decálogo en la Misa alemana (AE 53:63-64. Por el uso del Catecismo en las directrices de la Reforma, vea Charles Arand, "Catechismal Services: A Bridge Between Evangelism and Assimilation" *Concordia Journal* (July 1997), 177–200.

148 AE 43:200.

oración. Su intención es ayudarle a nuestro ser a volver en sí y a ser fervorosos en la oración."[149]

Lutero pone fin a sus instrucciones para Peter con "Un ejercicio sencillo para considerar el Credo". Haciendo la observación de que el Credo se ajusta a las tres personas de la divinidad, Lutero invita a Pedro a considerar cada artículo a la luz de la obra de Dios y nuestra necesidad. De modo que así ponderamos la grandeza de los dones de Dios en la creación, la redención, y la santificación, mientras que lamentamos nuestra falta de fe y gratitud.

El tratado de Lutero "Una manera sencilla de orar" llegó a convertirse en algo como un clásico de la meditación, porque demostró la aplicación de la teología de la Reforma en la vida del laicado, al proveerlo de una disciplina evangélica para la oración y la meditación definida por textos catequéticos bien comunes. William Russell escribe: "El documento representa la piedad catequética madura de Lutero, la integración de la teología y la oración en el contexto de la catequesis. Evidencia aquí su dedicación de larga data a los intereses prácticos de la vida cristiana. Su respuesta a la pregunta de su barbero muestra el modo en que el reformador consideró este tipo de reforma: la vida de los creyentes ligada a la palabra de Dios, la catequesis y la oración. Como padre espiritual de la fe, Lutero recomienda que los creyentes 'oren' los artículos principales de la confesión de la iglesia, es decir 'la Biblia laica', según se encuentra en el catecismo."[150]

La oración se enseña de modo tal que el creyente esté pertrechado para las batallas de la vida de la fe. La oración surge del crisol de la vida junto a la cruz. Con la oración el creyente se apropia de las promesas de Dios, aunque la experiencia lo contradiga. Lutero percibe el Padrenuestro como el clamor de la fe, una lección continua en la teología de la cruz.[151] Cimentada sobre el mandamiento y la promesa de Dios, la oración surge de la palabra de Dios, y su certidumbre no está fundada en la seguridad de la carne sino en la convicción de la fe.

---

149 AE 43:209.

150 –William Russell, *Praying for Reform: Martin Luther, Prayer and the Christian Life* (Minneapolis: Augsburg Fortress Press, 2005), 71.

151 Por más información al respecto, vea James A. Nestingen, "The Lord's Prayer in Luther's Catechisms" *Word & World* (Winter 2002), 36–48.

CAPÍTULO 4

EL CUIDADO PASTORAL A LA LUZ DE LA VOCACIÓN

Vocación para la libertad

Para Lutero, la vocación del cristiano en el mundo, la de él o de ella, es la arena para los sacrificios espirituales. En la vida del creyente los sacrificios espirituales se prestan en el sentido de que su vida es un canal del amor y cuidado de Dios por el prójimo necesitado. Tales sacrificios no ameritan la salvación o hacen justa a la persona, sino que más bien expresan el amor por el prójimo. Dios no tiene necesidad de nuestras buenas obras, pero el prójimo sí las necesita. Liberado de la noción de que tiene que ser bueno por sí mismo para hacerse acreedor a la vida eterna, el cristiano se ocupa del bienestar de su prójimo. En "La libertad del cristiano" Lutero escribe: "Aunque de este modo el cristiano no está obligado a las obras, debe, en esta libertad, despojarse a sí mismo, tomar forma de siervo, hacerse semejante a los hombres, estar en la condición de hombre, servir, ayudar en todo lo que pueda y tratar con su prójimo así como percibe que Dios, por medio de Cristo, trató y continúa tratando con él."[152]

En esto el cristiano es la *larvae dei*, la máscara de Dios, por la que Dios dispensa el pan de cada día a quienes habitan en el mundo. En este sentido el cristiano es un "pequeño Cristo" para su prójimo. Y otra vez escribe Lutero en "La libertad del cristiano": "Justamente así como nuestro prójimo está en necesidad y carece de lo que a nosotros nos sobra, así estuvimos nosotros en necesidad frente a Dios y carecíamos de su misericordia. Consecuentemente, así como nuestro Padre celestial vino a ayudarnos voluntariamente en Cristo, así nosotros también debemos ayudar de buena voluntad a nuestro prójimo con nuestro ser y obras, y llegar a ser, por así decir, cada uno un Cristo el uno para el otro."[153] Tal como Cristo se sacrificó a sí mismo por nosotros en la cruz, así nosotros nos damos a nosotros mismos en un rito sacrificial al prójimo en amor. Lutero lo expresa en el séptimo de sus "Sermones de Invocavit," predicado en Wittenberg el 15 de marzo de 1522: "Hablaremos ahora del fruto del sacramento, el cual es amor; es decir, que debemos tratar a nuestro prójimo así como Dios nos ha tratado a nosotros. Ahora que hemos recibido de Dios solamente amor

---

152 AE 31:366.

153 AE 31:367–368.

y favor, porque Cristo ha empeñado su palabra y nos ha dado su justicia y todo lo que es de él, ha amontonado sobre nosotros todos sus tesoros, los que ningún hombre es capaz de aquilatar ni ningún ángel puede entender o sondear, porque Dios es un ardiente horno de amor, que alcanza desde la tierra hasta los cielos. El amor, digo, es un fruto del sacramento."[154] En su tratado de 1530, "Exhortación acerca del Sacramento," Lutero apunta algo similar: "Donde de este modo tal fe se refresca y renueva continuamente, allí también el corazón, al mismo tiempo, se refresca de nuevo en su amor por el prójimo y se fortalece y pertrecha para realizar toda clase de buenas obras y combatir el pecado y todas las tentaciones del diablo. Siendo que la fe no soporta estar ociosa, debe demostrar los frutos del amor haciendo el bien y evitando el mal."[155]

Órdenes sagradas en el mundo

La enseñanza de Lutero respecto a la existencia dual del cristiano en la fe y en el amor, nos lleva a percatarnos de un vínculo con la enseñanza de los dos gobiernos o dos reinos. Leif Grane señala que para Lutero "el lugar en que los dos reinos se mantienen unidos es la profesión".[156] La profesión tiene su desarrollo dentro de las estructuras de la creación. Lutero identificó las estructuras como las tres "jerarquías" de "el ministerio sacerdotal, el matrimonio, y el gobierno."[157] Dentro de las estructuras de congregación, orden político, y vida de familia (la que para Lutero incluía la esfera de la economía) uno practica "la liturgia después de la liturgia." El creyente no trata de escapar o de mantenerse apartado del mundo, como en la vida monástica, sino que más bien practica su profesión en el lugar concreto en que Dios lo puso.

En su "Tabla de deberes" incluida en el Catecismo Menor, Lutero identifica los deberes como "órdenes sagradas", en un obvio juego de palabras en oposición a la enseñanza monástica. El pueblo santo realiza obras santas. Se reubica el sacrificio. Sin duda alguna Ernst Kaesemann estuvo influido por el antiguo liberalismo que contrapuso la "religión sacerdotal"

---

154 AE 51:95.

155 AE 38:126.

156 Leif Grane, *The Augsburg Confession: A Commentary,* traducido por John Rasmussen (Minneapolis: Augsburg Publishing House, 1987), 174.

157 Acerca del significado de las tres jerarquías o tres órdenes, vea Oswald Bayer, "Nature and Institution: Luther's Doctrine of the Three Orders" *Lutheran Quarterly* XII (Summer 1998), 125–160 y Knut Alfsvag, "Christians in Society: Luther's Teaching on the Two Kingdoms and the Three Estates Today" *Logia* XIV (Reformation 2005), 15–20.

a la "religión profética". No obstante, se hace eco de un tema luterano en su exposición de Romanos 12, al declarar que "la adoración cristiana no consiste en lo que se practica en los lugares sagrados, en ocasiones sagradas, y con acciones sagradas (Schlatter). Es la ofrenda de la existencia material en la, por lo demás, esfera profana".[158] En un tono menos polémico, Carter Lindberg hace un comentario similar: "El trabajo diario es una forma de adoración del mundo (*weltlicher Gottesdienst*) expresada en el servicio al prójimo."[159] El "agradecer, alabar, servir y obedecer" al final de la explicación del Primer Artículo, se cumplen en las oraciones diarias y la Tabla de Deberes. La doctrina de la vocación es la mentora del cuidado pastoral de Lutero por los cristianos que viven en medio de estas órdenes tanto santas como del mundo.

El cuidado pastoral en apoyo de quienes están expuestos a peligros por causa de su vocación

Lutero provee cuidado pastoral para quienes viven inmersos en sus respectivas vocaciones en este mundo. Un ejemplo de tal cuidado pastoral se aprecia en la carta de Lutero a Juan Hess de noviembre de 1527, en la que Lutero responde a la pregunta del pastor de Breslau acerca de si uno deba o no huir en tiempos de peste. Justamente unos meses antes, en el

---

158 Ernst Kaesemann, *Commentary on Romans* (Grand Rapids: Eerdmans, 1980), 329. Tome nota también del comentario de Paul Rorem, "Perdonados y renovados, nos ofrecemos nuevamente a Dios, no en misterio y ritual en el altar, sino en las duras realidades de los pobres y los campos de misión de nuestros vecindarios y lugares de trabajo" en "The End of All Offertory Processions" *dialog* (Fall, 1996), 249. Lutero se expresa de la misma manera cuando en una carta de 1527 a Juan Hess, describe cómo los cristianos deben ayudar a los enfermos: "…sé con toda certeza que en este trabajo le agrada a Dios y a todos los ángeles cuando lo hago en obediencia a su voluntad y como un servicio divino… La piedad no es otra cosa sino un servicio divino, y el servicio divino es servir al prójimo" en Tappert, 238–239. Tome nota también de los comentarios de Carl Wisloff: "Nosotros, no el Sacramento, somos el sacrificio. Pero nosotros vivimos de los dones de la gracia de Dios, es decir, por medio de ellos se nos conduce de la muerte a la vida. El sacrificio encuentra su expresión precisamente en esto. El evento encuentra su expresión en la adoración por medio de acción de gracias, alabanza, declaración de la fe cristiana y testimonio. Pero un sacrificio verdadero lo es solamente cuando se lo consagra mediante la fe al caminar diariamente en el Bautismo, esto es, andar en temor y fe, muerte y resurrección" en Carl Wisloff, "Worship and Sacrifice" en *The Unity of the Church: A Symposium,* editado por Vilmos Vatja (Rock Island, Illinois: Augustana Book Concern, 1957), 164–165. También Oswald Bayer: La adoración es el primero y último servicio de Dios hacia nosotros, su sacrificio que tuvo lugar por nosotros, el cual confiere en una adoración específica – '¡tomen y coman!' (cf. 1 Corintios 11:24 con Génesis 2:16). Este aspecto de la adoración se pierde si pretendemos realizar como una obra lo que podemos recibir como un don." Oswald Bayer, "Worship and Theology" en *Worship and Ethics: Lutherans and Anglicans in Dialogue* (New York: Walther de Gruyter, 1996), 154.

159 Carter Lindberg, *Beyond Charity: Reformation Initiatives for the Poor* (Minneapolis: Fortress Press, 1993), 108.

verano de 1527, la peste asoló Wittenberg. Se reubicó a la universidad en Jena, donde permaneció hasta abril. Aunque el Elector le ordenó a Lutero y su familia a que abandonara Wittenberg en agosto, éste rehusó hacerlo. En cambio, siguió disertando sobre 1 Juan a los estudiantes que decidieron permanecer en la ciudad. Junto con Jorge Rörer, Juan Bugenhagen y Juan Mante, Lutero se ocupó de los enfermos, moribundos, y dolientes. Las cosas empeoraron en el otoño. La esposa de Rörer, Hanna, y su hijo recién nacido murieron el 2 de noviembre en el hogar de Bugenhagen. La cuñada de Carlstadt, Margarita von Mochau, gravemente enferma, también quedó en el hogar de Lutero durante este tiempo. Katie estaba embarazada de Elizabeth. Hans, el hijo de Lutero, estaba gravemente enfermo. Lutero se refirió a su hogar como un hospital. Hacia fines de diciembre, después de que la epidemia decreció en intensidad, Lutero describió su situación como que se aferraba a Cristo por un hilo, al mismo tiempo que Satanás lo tenía atado con una cadena de ancla y lo arrastraba a las profundidades.[160] Con este telón de fondo Lutero respondió a la consulta de Hess.

Lutero suministra una respuesta a partir del contexto de la libertad cristiana que se aplica a la vocación de uno, en que se ejercitan tanto el oficio de la fe como el del amor. La fe confía en el cuidado providencial de Dios frente al peligro al reconocer que la vida de uno, ya sea que se quede o se vaya, está en manos de Dios. Los creyentes han de encomendarse al cuidado de Dios sea lo que fuere que decidan hacer. Así escribe Lutero: "Si alguno se ve obligado a permanecer en peligro de muerte a fin de servir a su prójimo, que se encomiende a la custodia de Dios y diga: 'Señor, estoy en tus manos. Me has impuesto la obligación de servir en este lugar. Hágase tu voluntad, puesto que yo soy tu humilde criatura. Tú puedes quitarme la vida o también salvaguardarme aquí, como si por obligación tuviese que quedar expuesto al fuego, inundación, sed, o algún otro peligro.' Por otro lado, si alguien no está comprometido a servir a su prójimo y se encuentra en la posibilidad de huir, que también se encomiende al cuidado de Dios y diga: 'Querido Dios, soy frágil y tengo miedo; por eso huyo de esta calamidad y hago todo lo posible por resguardarme. No obstante, estoy en tus manos, ya sea en ésta o en alguna otra calamidad que me pueda sobrevenir. Hágase tu voluntad. Mi huida no me salvará, porque las calamidades y desgracias me acometerán dondequiera, y el

160 Vea Brecht, *Martin Luther: Shaping and Defining the Reformation 1521-1532*, 209.

diablo, que es un asesino desde siempre y que trata de asesinar y ocasionar desdichas por doquier, no duerme ni se toma vacaciones.'"[161]

Tomando nota de que hay quienes insisten en que el creyente no debe huir de una epidemia mortal sino aceptar la aflicción como un juicio divino, soportando lo que sea con paciencia y una fe inquebrantable, mientras que otros creyentes piensan que es admisible huir si uno no está comprometido con otras obligaciones, Lutero advierte que ninguna de las alternativas es motivo para imponer una carga a la conciencia de quienes llegan a conclusiones opuestas. Los que tienen una fe firme pueden, por supuesto, hacerle frente a la peste, pero no deben obligar a los de una fe frágil a aceptar la opinión de ellos. "Quien esté firme en la fe que se quede, pero que no condene a los que huyen."[162]

Sin embargo, uno no debe huir de un lugar infestado si su vocación de servicio al prójimo queda comprometida. En los casos en que el oficio de uno –el de un pastor, de un oficial gubernamental, o médico–, por ejemplo, lo compromete a servir al prójimo que sufre, entonces para Lutero no hay nada que cuestionar. Debe quedarse incluso con riesgo de su salud y vida a fin de cumplir con su deber hacia el prójimo. Inspirándose en las palabras de Cristo del evangelio de Juan (10:11-12) acerca del asalariado que abandona el rebaño cuando ve venir al lobo, Lutero saca en conclusión que los pastores fieles no abandonarán a quienes han sido puestos a su cuidado, para salvar su propias vidas. Aquí Lutero hace la observación de que hay dos maneras de escaparle a la muerte. Una es, que uno actúe en oposición a la palabra de Dios o se retracte de su confesión de fe para preservar su vida. La otra manera impía de escaparle a la muerte, es abandonar al prójimo a fin de salvar el propio pellejo.

Para Lutero esto no quiere decir que el instinto de preservación de la vida de uno esté intrínsecamente equivocado. Menciona ejemplos de patriarcas y profetas del Antiguo Testamento que escaparon de la muerte sin abandonar sus oficios. Lutero sugiere además que si se provee un ministerio pastoral adecuado, no todos los pastores tienen que quedarse en tiempos de crisis. Trae a la memoria el ejemplo del apóstol Pablo en Damasco (vea Hechos 19:30), quien sale sin ser visto de la ciudad huyendo de la persecución. Dado el hecho de que otros pastores quedaron en Damasco para proveer cuidado espiritual para los creyentes del lugar, Pablo no estaba obligado a quedarse y enfrentar un peligro innecesario. De hecho, Lutero brinda el consejo de que "en la hora de la muerte uno

---

161 Tappert, 235–236.

162 Tappert, 235.

siente particularmente la necesidad del ministerio pastoral capaz de fortalecer y consolar la conciencia con la palabra de Dios y el sacramento, a fin de sobreponerse a la muerte con fe. Sin embargo, donde se cuenta con suficientes predicadores y éstos llegan a un acuerdo de que algunos de ellos se vayan, porque no hay necesidad de que se queden en semejante peligro, no lo considero un pecado, porque se ha provisto un ministerio pastoral adecuado, y si fuera necesario, éstos estarían dispuestos a quedarse gustosos."[163]

Lutero no exige un heroísmo impulsivo si el bienestar del prójimo no está comprometido: "El instinto de escapar de la muerte y salvar la vida está instituido por Dios y no queda prohibido, con tal de que no se oponga a Dios y al prójimo."[164] No obstante, descuidar el bienestar del prójimo en cuerpo y alma, es pecado. No sólo los pastores, sino también quienes ocupan cargos seculares necesarios para la protección del bien común, están obligados a permanecer en sus puestos. Inspirándose en la institución divina de las autoridades gubernamentales (Romanos 13:6) y la paternidad (1 Timoteo 5:8), Lutero indica que estas responsabilidades sobrepujan la comodidad y seguridad personal: "Nadie debe desamparar a su prójimo cuando éste está en problemas. Todo el mundo tiene la obligación de ayudar y apoyar a su prójimo, así como él mismo quisiera que lo ayudaran."[165] Habiendo disertado recientemente ante sus estudiantes de la universidad sobre 1 Juan, Lutero cita 1 Juan 1:14-17 en que el apóstol enseña que la falta de amor es igual al homicidio, con la finalidad de instruir a sus lectores acerca de lo que aquí está en juego. El quinto mandamiento nos obliga a ocuparnos del prójimo, a ayudarlo y respaldarlo en cualquier necesidad del cuerpo. "La piedad", dice Lutero, "no es otra cosa sino un servicio divino, y el servicio divino es servir al prójimo."[166] Cristo está oculto detrás de la máscara de los enfermos y necesitados a fin de recibir este servicio de nosotros. Dejar desamparado a un prójimo infestado, es dejar desamparado a Cristo.

La carta de Lutero al pastor Hess expresa qué lugar ocupan la fe y el amor en relación con la vocación. La fe que confía en Cristo solamente no está motivada ni por una necia impetuosidad ni por cobardía, sino por

---

163 Tappert, 232.

164 Tappert, 233.

165 Tappert, 233.

166 Tappert, 239. Por una discusión provechosa de la comprensión de Lutero de la exigencia positiva del quinto mandamiento, vea Albrecht Peters, *Commentary on Luther's Catechisms: Ten Commandments,* 226–232.

la certidumbre de que, con vida o a punto de morir, nuestras vidas están en las manos del Señor. El lenguaje de las oraciones de la mañana y de la noche, de Lutero, queda expresado en la inteligencia de que Dios les encarga a sus santos ángeles que cuiden de nosotros. Lo hacen en tiempos de peligro y nos protegen de manera tan especial que excede nuestra imaginación. El amor arriesga todo –incluso la vida–, para ayudar al prójimo que padece necesidad. En el contexto de su peculiar vocación, el cristiano tiene la obligación de actuar con discernimiento.

El cuidado pastoral por los soldados

La pregunta con referencia al servicio militar, que exige portar armas con la posibilidad de matar, no fue un tema teórico para la discusión. Parece ser que la ocasión para el tratado de Lutero de 1526, "Si acaso los soldados también se salvan", fue una conversación que tuvo con un soldado profesional, Assa von Kramm, quien se hizo problemas de conciencia por el presumible conflicto entre su confesión de cristiano y su profesión.[167] Lutero le habla a von Kramm como un pastor que trata de consolarlo y no como un moralista militar.

Para el modus operandi pastoral de Lutero con el caballero, es de fundamental importancia la distinción entre una profesión u oficio y la persona que lo ejerce. "En primer lugar debemos distinguir entre una profesión y el hombre que la ejerce, entre un trabajo y la persona que lo lleva a cabo. Una profesión o trabajo puede ser bueno o correcto per se, y sin embargo ser malo o equivocado si el hombre que ejecuta el trabajo es malo o está equivocado, o no lleva a cabo su trabajo como es debido."[168] Lutero afirma que los oficios que requieren el uso de la fuerza, tales como el de un soldado, juez, o verdugo, son legítimos; son expresiones de la autoridad divina confirmada en Romanos 13. Aquí Lutero refiere a sus lectores a su libro editado tiempo atrás en 1523, *Autoridad secular: hasta qué punto se le debe* obediencia.[169] La profesión de soldado es en sí misma correcta, pero la persona que ejerce el oficio puede darle mal uso o abusar de éste. Tal uso abusivo de la profesión es pecado, pero el uso pecaminoso del oficio no menoscaba el oficio en sí.

Lutero va al grano al determinar el tema crucial a la luz de la doctrina divina de la justificación de los impíos por la fe sola: "Estoy tratando aquí

---

167 Vea Brecht, *Martin Luther: Shaping and Defining the Reformation 1521-1532,* 342.

168 AE 46:94.

169 Vea AE 45:75–129.

con cuestiones tales como éstas: si la fe cristiana, por la que somos declarados justos ante Dios, es compatible con la profesión de soldado, ir a la guerra, atracar e incendiar, apuñalar y matar a nuestros enemigos en tiempos de guerra, según nos lo exige la ley militar. ¿Esta actividad es pecaminosa o injusta? ¿Tendríamos una mala conciencia ante Dios? ¿Debe un cristiano hacer el bien y amar solamente, y no matar a nadie, ni provocar ningún daño?"[170] Lutero argumenta que el creyente obtiene su justicia por la fe en Cristo, y que ésta es independiente de cualquier obra o mérito de sí mismo. El soldado no queda justificado por la justicia de su oficio, sino por la fe sola.

El soldado cristiano ejercerá el oficio con fe y amor. A base de Romanos 13, Lutero afirma: "Porque si es incorrecto utilizar la espada en la guerra, también es incorrecto usar la espada para castigar a los malvados o para mantener la paz."[171] Consecuentemente, no se puede alegar Mateo 5:39-42 como texto probatorio en contra de los cristianos que prestan servicio como soldados. En última instancia el soldado cristiano no pone su confianza en la justicia de su causa, sino en la justicia de Cristo solamente.

Incluso si hasta una guerra justa parece ser una acción de maldad violenta, es en realidad una expresión de amor. Lutero emplea la imagen de un cirujano que amputa un miembro para salvar la vida, que si no lo amputara sería una muerte segura: "Ahora, matar y robar no parecen ser obras de amor. Un hombre sencillo no cree, por tanto, que hacerlo sea digno de un cristiano. Aunque, en realidad, incluso esto es una obra de amor. Por ejemplo, un médico competente a veces comprueba que una enfermedad es tan seria y terrible que exige que deba amputar o cortar una mano, un pie, una oreja o un ojo para salvar el cuerpo... De la misma manera, cuando pienso en un soldado que cumple con su oficio al castigar a los malvados, matar a los inicuos, y causar tanta desventura, parece ser una obra anticristiana del todo contraria al amor cristiano. Pero cuando me pongo a pensar en cómo protege el bien y guarda y preserva a la esposa y los hijos de uno, su hogar y su granja, su propiedad, el honor y la paz, entonces me doy cuenta de cuán preciosa y piadosa es esta obra; y veo que amputa una pierna o un brazo a fin de que el cuerpo entero no perezca. Porque si la espada no estuviese vigilando a fin de preservar la paz, todo en el mundo quedaría en ruinas debido a la ausencia de paz. De ahí que tal guerra es solamente una muy breve ausencia de paz que impide una

---

170 AE 46:95.

171 AE 46:98.

eterna e inmensurable ausencia de ésta, una pequeña desgracia que evita una enorme calamidad."[172]

De manera que el cristiano que sirve como soldado reconoce su oficio como una institución divina. Lutero escribe: "Es por esto que Dios tiene la espada en tal estima, ya que dice que él mismo la instituyó (Romanos 13:1) y no quiere que los hombres digan o piensen que ellos la inventaron o instituyeron. Porque la mano que empuña la espada y mata no es la mano del hombre sino la de Dios, que es quien ahorca, tortura, decapita, mata, y combate. Todos son actos y juicios de Dios."[173] A fin de respaldar su caso, Lutero cita Lucas 3:14, en que unos soldados se acercaron a Juan el Bautista, y hace notar que el Bautista no les exige que renuncien a su oficio y se vuelvan pacifistas, sino que cumplan con su deber con integridad: "De tal manera encomió la profesión militar, pero al mismo tiempo prohibió el abuso."[174] El oficio no hace a la persona justa o injusta. La fe y la incredulidad lo hacen. El que es justo por la fe en Jesucristo se desempeña ahora en su oficio secular con rectitud en relación con su prójimo. La rectitud en relación con el prójimo entraña la vida en el gobierno secular divino de este mundo, lo que incluye la participación en las estructuras que el Creador ha instaurado para refrenar y reprimir la maldad. Así Lutero aconseja a los soldados a que juzguen su vocación a la luz de la fe y del amor, dedicándose a su trabajo con una conciencia tranquila ante Dios.

El soldado percibirá su oficio en el temor de Dios y con fe en la justicia de Cristo tan sólo, y orará diciendo: "Amado Señor, ya ves que debo ir a la guerra, aunque en realidad no quisiera ir. No confío, sin embargo, en la justicia de mi causa, sino en tu gracia y misericordia, porque sé que si debería apoyarme en la justicia de mi causa y estuviera confiado a causa de ella, tú con toda razón me dejarías caer como uno cuya caída era justa, porque hubiera confiado en que yo tenía razón y no en tu pura gracia y bondad."[175] La conciencia del soldado cristiano debe finalmente asentarse allí mismo donde el creyente ha de hallar la paz en su profesión cotidiana: la justicia de Jesucristo solo. Todas nuestras profesiones son las áreas donde el pecado demuestra su poder agresivo. Nadie es justo en sí mismo. Nuestras vocaciones continuamente nos obligan a ir a Cristo y al perdón de pecados que hay en él.

---

172 AE 46:96.

173 AE 46:96.

174 AE 46:97.

175 AE 46:123.

CAPÍTULO 5

EL CUIDADO PASTORAL PARA MATRIMONIOS

Una comprensión evangélica y vocacional del matrimonio

La comprensión que Lutero tiene del matrimonio se va desarrollando progresivamente, pero se consolida firmemente allá por el año 1523, dos años antes de su propio matrimonio con Katharina von Bora. En su "Sermón acerca del estado del matrimonio"[176] de 1519, Lutero todavía considera el matrimonio un sacramento. El cambio se hace evidente al año siguiente en "La cautividad babilónica de la iglesia",[177] en que el matrimonio queda privado de su estatus sacramental. Carter Lindberg describe acertadamente el cambio en el pensamiento de Lutero y su implicancia para su labor pastoral: La aplicación de Lutero de la teología evangélica al matrimonio y la familia, despojó a éste de su sacramentación; desacralizó al clero y volvió a sacralizar la vida del laicado; se opuso al laberinto de impedimentos canónico hacia el matrimonio; pugnó por desenmarañar la madeja de la ley canónica, la ley imperial y las costumbres germánicas; y gozosamente afirmó la buena creación de Dios, incluyendo las relaciones sexuales. A cambio, Lutero se encontró ante una tan grande demanda como consejero matrimonial, que con frecuencia se quejaba de la carga que se le había impuesto."[178]

Una lectura rápida del Catecismo Menor indica que Lutero trata al matrimonio como un don divino otorgado en el Primer Artículo, protegido en el cuarto, sexto y décimo mandamientos, recibido con agradecimiento

---

176 AE 44:7–14. La erudición acerca de la comprensión de Lutero del matrimonio es extensa. Los tratamientos más importantes incluyen a Paul Althaus, *The Ethics of Martin Luther,* traducido por Robert C. Schultz (Philadelphia: Fortress Press, 1972), 83–100; Oswald Bayer, "Luther's View of Marriage" en *Freedom in Response-Lutheran Ethics: Sources and Controversies,* traducido al inglés por Jeffrey F. Cayzer (Oxford: Oxford University Press, 2007), 169–182; Scott Hendrix, "Luther on Marriage" *Lutheran Quarterly* (Autumn 2000), 335–350; William Lazareth, "ELCA Lutherans and Luther on Heterosexual Marriage" *Lutheran Quarterly* (Autumn 1994), 235–268; William Lazareth, *Luther on the Christian Home* (Philadelphia: Muhlenberg Press, 1960); Carter Lindberg, "The Future of a Tradition: Luther and the Family" en *All Theology is Christology: Essays in Honor of David P. Scaer,* editado por Dean Wenthe et al (Fort Wayne: Concordia Theological Seminary Press, 2000), 133–151, y James A. Nestingen, "Luther on Marriage, Vocation and the Cross", *Word & World* (Winter 2003), 31–39.

177 AE 36:3-126.

178 Carter Lindberg, "The Future of a Tradition: Luther and the Family" en *All Christology in Christology: Essays in Honor of David P. Scaer,* editado por Dean Wenthe et al (Fort Wayne: Concordia Theological Seminary Press, 2000), 133.

como el pan de cada día en la cuarta petición, y vivido de manera vocacional en la Tabla de Deberes. En su ensayo de 1522, referido a "El estado del matrimonio", Lutero comenta su propia reticencia de hacerse cargo de la tarea de clasificar las enmarañadas confusiones creadas por los abusos del don del matrimonio; sin embargo, la necesidad pastoral exige que tenga en cuenta al matrimonio para el bien de las conciencias atribuladas: "¡Cómo le tengo pavor a predicar sobre el estado del matrimonio! Estoy poco dispuesto a hacerlo, debido a que temo que una vez que me involucre en el tema significará un montón de trabajo para mí y para otros. La vergonzosa confusión causada por la odiosa ley papal ha ocasionado tanta angustia, y la autoridad legal de ambas espadas, la espiritual y la temporal, ha dado lugar a tantos abusos atroces y situaciones equívocas, que más bien preferiría ni considerar el tema ni oír hablar de él. Pero debo proceder. Debo tratar de instruir a las pobres conciencias confundidas, y ocuparme del asunto con denuedo."[179]

Cimentado en la creación

Lutero considera que el matrimonio está cimentado en la creación. En un sermón sobre el matrimonio del año 1531, manifiesta: ¿Quién no sabe que el matrimonio fue instituido y ordenado por Dios, creado en el paraíso y confirmado y bendecido fuera del paraíso, tal como lo dice Moisés en Génesis 1, 2 y 9? Todo el mundo lo sabe. Yo incluso aprendí a recitar las palabras. Pero, realmente, oír y aprender las palabras requiere de una maestría tal que yo aún no domino. Sigo aprendiendo."[180] No es un sacramento que imparte perdón, pero no existe una vocación social más grande en la que se ejercita la fe que la del matrimonio. El matrimonio es la palestra para la fe y el amor. Por consecuencia, el papa no tiene autoridad para imponer votos que contrarían la creación. De ahí que Lutero condenó la tiranía clerical del matrimonio como también el caos sexual evidente en la fornicación. "Absolver conciencias atribuladas y brindarles claridad y certeza, no se logra puliendo los pormenores de la ley y amenazando con castigos. Lo que Dios dice respecto del matrimonio es un don, no una ley."[181]

Gran parte del cuidado pastoral de Lutero en cuestiones matrimoniales estuvo encaminado a los que estuvieron atribulados por haber hecho el voto del celibato durante el papado. En una carta que escribió a su padre,

---

179 AE 45:17.

180 Cita de Oswald Bayer en "Luther's View of Marriage", 171.

181 Bayer, "Luther's View of Marriage". 168.

Juan Lutero, se refiere al celibato y al matrimonio. La carta, escrita en noviembre de 1521, no tuvo por objeto la atención del padre de Lutero, sino la de los monjes, monjas y sacerdotes que la leerían. En la carta Lutero establece componentes básicos para una comprensión evangélica tanto de la virginidad como del matrimonio. Recuerda cómo se rebeló en contra de su padre e hizo los votos monásticos: "Porque mi voto no valía un centavo, ya que por hacerlo me sustraje de la autoridad de mi padre y del propósito del mandamiento de Dios."[182] Lutero reconoce que su voto monástico no estuvo basado en la palabra de Dios: "En pocas palabras, fue hecho acorde con doctrinas de hombres y superstición de hipócritas, que Dios no ordenó."[183]

La Escritura no enaltece la virginidad por encima del matrimonio. "Como conclusión, si bien las Escrituras no encomian la virginidad, sino que sólo le confieren aprobación, estos hombres, tan dispuestos a inflamar las almas de los hombres por una vida que hace peligrar su salvación, la proveen de un atuendo de plumas prestadas al aplicarle las alabanzas que las Escrituras confieren a la pureza de la vida matrimonial."[184]

El cristiano cuenta con la libertad de conciencia que surge del hecho de ser una nueva criatura en Cristo. "Mi conciencia es libre, y ésta es la más completa libertad. Consecuentemente, sigo siendo un monje y sin embargo no soy monje. Soy una criatura nueva, no del papa, sino de Cristo."[185] La iglesia no tiene autoridad sobre la Palabra y la vocación paternal. Lutero le dice a su padre: "Usted cuenta con la autoridad de Dios, lo mío es presunción humana."[186]

Pocos años más tarde, en una carta con fecha 27 de marzo de 1525, dirigida a Wolfgang Reissenbusch por razón de su indecisión de anular el voto del celibato, Lutero vuelve a exponer sus argumentos básicos en contra del celibato requerido, acentuando especialmente la autoridad de la Escritura y la conciencia. En la carta Lutero le asegura a Reissenbusch que renunciar al voto no es pecaminoso. Los votos deben estar comprendidos dentro de la posibilidad de su cumplimiento y la capacidad de guardarlos. La palabra creativa de Dios no se puede restringir por medio de votos o leyes: "Es la palabra de Dios, por la cual se planta un poder procreador en el cuerpo del hombre y se aviva y mantiene en vigor un deseo ardiente y natural por la mujer. Esto no se puede restringir

182 Tappert, 260.

183 Tappert, 260.

184 Tappert, 261.

185 Tappert, 262.

186 Tappert, 260.

ni por votos ni por leyes, porque es la ley y hechura de Dios."[187] Los cuerpos de los hombres se forman del cuerpo de las mujeres, y de ahí que procuren la unión con éstas: "Nuestros cuerpos son en gran parte el cuerpo de las mujeres, porque por ellas fuimos concebidos, desarrollados, nacidos, amamantados y nutridos, y es absolutamente imposible mantenerse completamente apartadas de ellas. Es algo que está en concordancia con la palabra de Dios. Fue él quien le dio origen y quien así lo quiere.[188] El voto del celibato va en contra tanto de la palabra de Dios como de la naturaleza y es, por tanto, "nulo e inválido".[189] Lutero dice que tal voto es tan necio como "si uno hiciera el voto de ser la madre de Dios o crear un cielo".[190] El voto es contrario a la fe cristiana en que se apoya en las obras y no en la gracia de Dios en Cristo. "De esta clase son todos los votos monásticos; cimientan los corazones y las conciencias sobre las obras y no sobre la gracia, y por confiar en las obras los hombres niegan a Cristo y pierden la fe."[191]

La palabra de Dios instituye el matrimonio con honor. El diablo es quien deshonra y difama el matrimonio. Avergonzarse del matrimonio es avergonzarse de ser humano. Mediante tal actitud el hombre intenta "hacerse mejor de lo que Dios lo hizo."[192] Lutero insta a Reissenbusch a desafiar al diablo y contraer matrimonio gozosamente.

El 6 de agosto de 1524 Lutero escribió una carta a tres monjas no nombradas. La carta describe el consejo que Lutero con frecuencia brindó a monjes y monjas respecto a los votos. Básicamente afirma que hay dos motivaciones para el abandono de la vida monástica. La primera: cuando los votos no son voluntarios sino impuestos a la fuerza. Sería el caso particular de niños a los que se obligaba a ingresar a un convento a edad tan temprana que ni idea podían tener de lo que prometían soportar. La segunda motivación: el poder de los deseos divinamente creados implantados en nuestra humanidad, que incitan a la persona a la lujuria.

---

187 Tappert, 273.

188 Tappert, 273.

189 Tappert, 273. Sammeli Juntunen comenta: "...el ideal del celibato había inducido a una prostitución generalizada, practicada y tolerada en público no sólo por la sociedad sino también por la iglesia. Si el sacerdote no podía cumplir con el celibato que se le exigía, era algo muy normal (al menos en algunas partes de Europa) utilizar los servicios de una prostituta previo pago de una sanción al obispo. Esto se consideraba un pecado menor que el de abandonar del todo el sacerdocio y casarse." Sammeli Juntunen, "Sex" en *Engaging Luther: A (New) Theological Assessment,* aditado por Olli-Pekka Vainio (Eugene, Oregon: Casscade Books, 2010), 187.

190 Tappert, 274.

191 Tappert, 274.

192 Tappert, 275.

El "cuaderno de matrimonio" de Lutero como cuidado pastoral

Las leyes civiles rigen acertadamente el matrimonio. Queda reflejado en el "Cuaderno de matrimonio para pastores comunes" anexado al Catecismo Menor.[193] Aquí Lutero manifiesta: "'Cada país tiene sus costumbres.' Por esta razón, debido a que los esponsales y el estado matrimonial son asuntos seculares, nos corresponde a nosotros, los que somos 'espirituales' ("el clero") o ministros de la iglesia, no ordenar o regular nada en manera alguna tocante al matrimonio, sino más bien permitir que cada ciudad y país prosiga con sus propias costumbres de uso general."[194] La estructura litúrgica del rito de Lutero refleja el hecho de que el matrimonio es un orden secular al que acceden los creyentes con una conciencia tranquila. Los votos son obligatorios desde el punto de vista legal; se los hace en la puerta de entrada de la iglesia y después la pareja se presenta ante el altar para oír la palabra de Dios y para la oración. Bayer comenta: "La liturgia, con sus ruegos y acción de gracias, no es ajena al matrimonio civil. Más bien lo permea. El trámite en público ante la vista de los testigos, en sí importante, queda transformado por el hecho de que al mismo tiempo se expresa públicamente algo más: que la relación no surgió de sí misma. Nos ha sido dada por Dios como un don por el que estamos agradecidos: '¿O qué tienes que no hayas recibido?' (1 Corintios 4:7). Un oficio de matrimonio cristiano lo toma en consideración y llega a ser una confesión de nuestra propia indigencia."[195]

Lutero: *El consejero matrimonial*

En una charla de sobremesa apuntada por Jerome Weller en 1536, Lutero se queja por todo el tiempo que consume trabajando con matrimonios con problemas. Se pregunta cómo pudieron sobrevivir Adán y Eva como esposos después de la caída en pecado. "No cabe duda de que durante su larga vida se toparon con innumerables males al ir lamentándose por su caída. ¡Debe haber sido un régimen extraordinario! En consecuencia, el Génesis es un notable libro de sabiduría y raciocinio."[196] Un matrimonio

---

193 Kolb/Wengert, 367.

194 Kolb/Wengert, 367–368.

195 Oswald Bayer, "The Protestant Understanding of Marriage and Family" (La comprensión de los Protestantes del matrimonio y la familia) en *Freedom in Response-Lutheran Ethics: Sources and Controversies,* 174.

196 Tappert, 283.

feliz es "una dádiva fuera de lo común".[197] En tanto que disfrutó de un matrimonio feliz con su propia esposa, Lutero tuvo que tratar con matrimonios que no fueron tan felices.

Esteban Roth procura el consejo de Lutero acerca de una forma de acción con respecto a su esposa que no quiere acompañarlo a Zwickau, donde había conseguido un empleo nuevo. El sarcasmo de Lutero se evidencia al describir a la Señora Roth como "Vuestro señor y amante".[198] Lutero culpa a Esteban por el comportamiento de su esposa, haciéndole ver que había sido indulgente y obsecuente hacia ella. "Ciertamente, estoy comenzando a sentirme molesto con usted también, porque por ser de buen corazón ha convertido en tiranía el servicio cristiano que usted le debe, y hasta ahora la ha alentado de tal forma que parece que usted tiene la culpa de que ella ahora se atreva a plantársele desafiante en todo. Por cierto que cuando usted vio que el forraje estaba insolentando al borrico (es decir, que su esposa se estaba haciendo incontrolable como resultado de la indulgencia y docilidad suya), debía haber recordado que usted tiene que obedecer a Dios y no a su esposa, y así no debió haberle permitido despreciar y pisotear la autoridad del esposo, que es la gloria de Dios, según lo enseña San Pablo. Alcanza con que usted declina esta gloria de Dios a tal grado que adopta la forma de un sirviente, pero cuando prescinde de ella, la borra, y la reduce a nada, eso ya es pasarse de la raya."[199]

Lutero plantea entonces la pregunta de diagnóstico. La negativa de la Señora Roth a mudarse, ¿se basa en malicia o en enfermedad? "La enfermedad puede sobrellevarse; la malicia debe contrarrestarse."[200] Lutero concluye la carta apuntando que Roth es un hombre inteligente y que llegará a comprender el consejo pastoral. Lutero desea que esta pareja "llegue a un acuerdo", a fin de que Satanás sea ahuyentado. La principal inquietud pastoral de Lutero es que se impida que el diablo aproveche la disputa marital como una ocasión para seducir a Roth al pecado.

Casos difíciles

Nada se sabe de las circunstancias que dieron lugar a la carta dirigida a Valentine Hausmann el 27 de enero de 1538. Está claro que Hausmann quiere separarse de su esposa debido al comportamiento de ella. Lutero confiesa ignorar todos los detalles de la situación. Le recuerda a su amigo

---

197 Tappert, 283.

198 Tappert, 277.

199 Tappert, 277.

200 Tappert, 278.

el estado de tribulación y la cruz en la vida cristiana. Se insta a Hausmann a permanecer fiel a su matrimonio y ser indulgente con su esposa caída en error. No debe procurar una salida fácil. Debe actuar por gracia y no por la ley. "Si usted procede estrictamente en los términos de la ley, puede traer como resultado mucha infelicidad y en última instancia podrá llegar a lamentarlo, sentir culpa y sufrir angustia. La gracia precede a la ley, y atenerse muy estrictamente a la ley resultará en una pérdida de la gracia tanto a la vista de Dios como a la del hombre."[201]

Quizá el más problemático de los casos de cuidado pastoral de Lutero, en cuestiones relacionadas con el matrimonio, es el consejo dado a Felipe de Hesse. En 1523 Felipe de Hesse estaba casado con Cristina, la hija del duque Jorge de la Sajonia Albertina. Cuando se casó, Felipe tenía diecinueve años de edad. Aunque adujo que "nunca sintió amor o deseo por ella debido a su forma, fragancia, y maneras",[202] tuvo siete hijos con Cristina. Por intermedio de Martin Bucer, Felipe estableció contacto con Lutero y procuró su aprobación para tomar otra esposa. Lutero, en la suposición de que se trataba de un consejo pastoral privado, coincidió a regañadientes que un segundo matrimonio sería mejor que un divorcio escandaloso o una flagrante fornicación. Felipe de Hesse hizo público el consejo de Lutero para resguardar su bigamia.

Al parecer Lutero considera que Felipe está atrapado entre dos agravios: el divorcio y la bigamia. En consideración al hecho de que Dios permitió a los patriarcas tener varias mujeres, Lutero concluye que se causaría un daño menor si Felipe tomara en secreto una segunda esposa sin divorciarse de Cristina. El consejo de Lutero a Felipe se ajusta al comentario que hizo en 1520 en "La cautividad babilónica de la iglesia": "En cuanto al divorcio, si es lícito sigue siendo una cuestión para el debate. Por mi parte, detesto de tan gran manera el divorcio que preferiría antes la bigamia; pero no me arriesgo a decidir que sea lícito."[203]

Lutero reflexionó que su consejo fue dado bajo "el sello de la confesión" y que fue lo mejor que pudo darse dadas las circunstancias. Al abogar por su consejo rememoró las palabras de uno de sus maestros: lamentablemente estos casos son tan confusos y desesperados que ni sabiduría, ni ley, ni razonamiento son de ayuda alguna. Deben encomendarse a la misericordia de Dios."[204] Lutero intentaba dar lo mejor de sí, en momentos en que cualquier solución parecía estar forjada con pecado.

---

201 Tappert, 285.

202 Tappert, 288.

203 AE 36:105.

204 Tappert, 290.

En los casos en que se quebrantaba intencionalmente el sexto mandamiento y no había indicios de arrepentimiento, Lutero no se abstuvo de practicar la disciplina eclesiástica, sujetando al adúltero a su pecado, como puede verse en su trato con un funcionario municipal de la ciudad de Wittenberg, José Levin Metzch. En una carta dirigida al Elector Juan de Sajonia, escrita el 16 de junio de 1531, Lutero se queja por la vida escandalosa de Metzch, quien "estuvo tan fuertemente amarrado a las cola de meretrices, que dio pocas señales de temer a Dios."[205] Lutero le prohibió en privado recibir el sacramento. En una charla de sobremesa anotada por Antonio Lauterbach el 15 de octubre de 1538, Lutero aborda el problema en curso de la fornicación de Metzch. Envió a dos diáconos con el mensaje de que la absolución que Metzch había recibido el domingo próximo pasado era "inválida porque no reconoció su culpa."[206] Como "recibió el sacramento estando en sus pecados, impenitente, debe soportar esta carga él mismo, no yo".[207] Si desea recibir de nuevo el sacramento "debe antes de todo reconciliarse con nosotros los predicadores, los pastores, la universidad, y la ciudad".[208] Lutero hace constar de nuevo en contra de Metzch su proscripción del sacramento y de servir como padrino de Bautismo. Hace notar que es la segunda amonestación según Mateo 18:15.

La adversidad que pudiera surgir en el matrimonio no era excusa para disolver el vínculo permanente de un solo ser, que Dios estableció al unir un hombre y una mujer como esposo y esposa. Lutero reconoció que dos pecadores que viven juntos en tal intimidad se verían tentados a dar lugar a la amargura y dureza de corazón que rehúsa el perdón mutuo y continuo.

En contraste con el siglo XXI, el divorcio fue más bien una práctica rara en el siglo XVI. El simple abandono era más frecuente. Surgieron preguntas de casuística pastoral con respecto a si bajo qué circunstancias el cónyuge abandonado puede volver a casarse. Una carta dirigida a Juan Wickmann el 2 de noviembre de 1537 trata la cuestión del abandono en el matrimonio. En el caso que le fue presentado a Lutero, un hombre había abandonado a su esposa y no se lo pudo ubicar por ningún lado. Pasaron siete años. Lutero dice que si el hombre no puede ser ubicado, este hecho debe hacerse saber desde el púlpito y fijar una nota en un sitio público, y que la mujer es ahora libre de casarse con otro hombre si no hay evidencia de que ella se portó mal. "Si, conforme al testimonio de los vecinos, se ve

---

205 Tappert, 280.

206 Tappert, 281.

207 Tappert, 281.

208 Tappert, 282.

que a la mujer no se la puede inculpar, que entonces el pastor de Eisenberg fije una nota en la puerta de la iglesia y haga lo mismo en su pueblo, que le expida al hombre una nota de comparecencia (o alguna otra persona en su lugar) dentro de un plazo de cuatro semanas. Si no aparece, haga saber desde el púlpito que el desertor no dio señales de vida y que por tanto la mujer puede casarse de nuevo. Acto seguido podrá unirla en matrimonio con otro hombre en el nombre de Dios."[209]

El matrimonio que se vive bajo la cruz puede llegar a ser un campo de batalla para el conflicto entre Dios y Satanás, al tratar éste, el maligno, de anular lo que Dios bendijo. El ritual matrimonial de Lutero, a diferencia de los rituales hoy en boga, incluía el lenguaje fuerte y decidido de "la cruz que Dios ha impuesto sobre este estado".[210] La cruz le pone fin al romanticismo que considera el matrimonio como un medio para la realización de uno mismo. Pero mediante la cruz de Cristo, Lutero sabe que en la vida humana todo, incluido el matrimonio, queda consagrado y se recibe como un regalo. De ahí que en un sermón del año de 1531 puede predicar: "La Palabra de Dios está verdaderamente inscrita en el cónyuge de uno. Cuando un hombre considera a su esposa como la única mujer sobre la tierra, y cuando una mujer considera a su esposo como el único hombre, sí, si ningún rey o reina, y ni siquiera el sol resplandecen con más brillo e iluminan sus ojos más que su esposo o esposa, entonces allí mismo se encuentra usted cara a cara con Dios que le habla. Dios le promete su esposa o esposo, en realidad él le da su cónyuge diciendo: "Este hombre será suyo. '¡Estoy infinitamente complacido! Las criaturas de la tierra y las del cielo brincan de gozo.' Porque no existe joya más preciada que la palabra de Dios; mediante ella usted llega a considerar a su cónyuge como un regalo de parte de Dios, y siempre y cuando haga eso, no hay remordimientos."[211]

---

209 Tappert, 284.

210 Kolb/Wengert, 370. Respecto a esta omisión en boga, vea Bayer, "The Protestant Understanding of Marriage", 167.

211 Cita de Hendrix, "Luther on Marriage", *Lutheran Quarterly* (Autumn 2000): 335–50.

CAPÍTULO 6

EL CUIDADO PASTORAL DE LOS POBRES, NECESITADOS, Y PERSEGUIDOS

Recibir y brindar compasión

Lutero fue un hombre que había recibido compasión, y a partir de esa recepción de misericordia divina supo cómo brindar compasión a quienes tuvieron necesidad, tanto espiritual como material. Fue un hombre que había recibido compasión y sabía cómo brindarla a los necesitados. La compasión es un fruto de la fe. En su tratado de 1526, "El Sacramento del cuerpo y la sangre de Cristo, en oposición a los fanáticos", Lutero escribe: "Así como él (Cristo) se ofreció a sí mismo para nosotros con su cuerpo y sangre a fin de redimirnos de toda desdicha, así también debemos darnos nosotros mismos con pujanza y carisma por nuestro prójimo."[212] La necesidad del prójimo no es ocasión para llevar a cabo una "buena obra" que ayude a alcanzar la salvación; tal necesidad llega a ser más bien la palestra en la que la fe, olvidándose de sí misma, se muestra activa en el amor. En el mundo medieval, se consideraba que los pobres estaban en este mundo para los ricos, tanto económica como espiritualmente. Desde un punto de vista económico, los pobres brindaban trabajo que beneficiaba a los ricos. Espiritualmente, los pobres les ofrecían a los ricos la oportunidad de dar limosnas, una obra que aseguraba bendición para la vida venidera. "La doctrina de la justificación de Lutero escindió la osadía de esta ideología medieval de la pobreza. Dado que la salvación es un don de Dios aparte de las obras humanas, tanto la pobreza como las limosnas perdieron significación salvadora. Al despojar a la pobreza de espiritualidad, los reformadores pudieron identificar el pauperismo en cualquier forma, como un mal personal y social que había que combatir. La justificación por la gracia sola mediante la fe sola operó un cambio de orientación en la noción de la pobreza y de los pobres. La pobreza ya no se considera como el privilegiado estatus del cristiano, sino más bien como un mal social que debe mejorarse, aunque en última instancia no se pueda remediar."[213]

---

212 AE 36:352

213 Carter Lindberg, "Luther on Poverty" *Lutheran Quarterly* (Spring 2001), 89. Vea también el excelente estudio de Carter Lindberg, *Beyond Charity: Reformation Initiatives for the Poor* (Minneapolis: Fortress Press, 1993) lo mismo que de Carter Lindberg, "No Greater Service to God than Christian Love: Insights from Martin Luther" en *Social Ministry in the Lutheran Tradition,* editado por Foster R. McCurley (Minneapolis: Fortress Press, 2008), 50–68 y Samuel Torvend, *Luther and the Hungry Poor* (Minneapolis: Fortress Press, 2008).

La bondad y el servicio de amor prestados al prójimo nunca se pierden. Porque tales servicios, en realidad, se prestan nada menos que a Dios. "¿Qué otra cosa es para Dios todo nuestro trabajo - ya sea en los campos, en la huerta, en la ciudad, en el hogar, en la guerra, o en el gobierno -, sino precisamente el cometido de un hijo, por medio del que Él quiere brindar sus dádivas en los campos, en el hogar y dondequiera que sea? Son las máscaras de Dios, tras las que quiere mantenerse oculto y hacer todas las cosas...Tenemos un adagio: 'Dios provee todo lo bueno, pero no agitando una varita nada más.' Dios provee todas las buenas dádivas, pero usted tiene que darle una mano y tomar al toro por las astas; es decir, debe trabajar y así darle a Dios un buen motivo y una máscara," dice Lutero en sus disertaciones sobre el Salmo 147.[214] Así, pues, el cristiano no trabaja para sí mismo sino para el bienestar de las personas que Dios ha puesto en su camino. "El núcleo de la ética de la vocación de Lutero, no es la santificación de uno mismo, sino la necesidad del prójimo."[215]

Lutero considera que la avaricia es un pecado que debe ser abordado por el pastor. Ricardo Willy Reith comenta que Lutero reconoce la interrelación que Pablo hace entre la avaricia y la idolatría en Efesios 5:5, de tal manera que "la fe, el verdadero culto que se rinde a Dios...es incompatible con la avaricia. Se ha de sobrentender, por lo tanto, que la avaricia es idolatría."[216] Para Lutero, la avaricia es pecado tanto en oposición a la fe como al amor. Al fracasar en poner la confianza en que Dios provee para el futuro, el avaro pone su confianza en sus posesiones y consiguientemente éstas lo poseen a él. Al mismo tiempo, la avaricia peca en contra del amor porque cierra el corazón y la mano frente a la necesidad del prójimo. La generosidad, por otro lado, es un acto tanto de la fe como del amor, porque se origina de las dádivas de Dios y ofrece compartir lo que de Él recibió. La actitud de Lutero quedó expresada en un episodio de su propia vida. "En una ocasión, en que Lutero viajaba a Jessen (una ciudad pequeña a orillas del río Elster Negro) para recuperarse, junto con el Dr. Jonas, Veit Dietrich y otros compañeros de mesa, y aunque no disponía de mucho, repartió limosnas entre los pobres del lugar. El Dr. Jonas imitó su ejemplo, con la explicación: ¡Quién sabe si Dios no proveerá lo mismo para mí en otro

---

214 AE 14:114–115.

215 Carter Lindberg, "Luther's Struggle with Social-Ethical Issues" en *The Cambridge Companion to Martin Luther,* editado por Donald McKim (Cambridge: Cambridge University Press, 2003), 170.

216 Ricardo Willy Reith, "Luther on Greed" en *Harvesting Martin Luther's Reflections on Theology, Ethics, and the Church,* editado por Timothy J. Wengert (Grand Rapids: Eerdmans, 2004), 154. Vea también Kathryn D'Arcy Blanchard, "If you do not do this you are not now a Christian: Martin Luther's Pastoral Teachings on Money" *Word & World* (Summer 2006), 299–309.

momento! A lo que Lutero replicó riendo: ¡Como si tu Dios no lo hubiera provisto para ti ya ahora!"[217]

Intercesión pastoral

Los aspectos fundamentales de la teología de Lutero moldean el modo en que se compadeció de los indigentes. La práctica pastoral de compasión de Lutero quedó expresada con frecuencia en la intercesión personal por personas individuales en circunstancias que suponen un desafío.

Una carta dirigida a Jorge Spalatin es un ruego de interceder ante Federico el Sabio en favor de un pescador que, sin quererlo, pescó en aguas reservadas para el Elector. Lutero no pide que al hombre se lo deje sin castigo, sino sólo que su castigo no lo afecte económicamente. "No pido que quede sin castigo, porque siempre debe respetarse la autoridad gubernamental, pero sí pido que su castigo no lo prive de su sustento. Me atrevo a sugerir que se lo encarcele por unos días, o que se lo deje a pan y agua por una semana a fin de que se manifieste que el propósito es la reforma y no la ruina del hombre."[218]

La carta dirigida a Jorge Spalatin el 10 de abril de 1523 intercede por doce monjas que Lutero ayudó a escapar de un convento.[219] Una de esas monjas era Catalina von Bora, la mujer con la que Lutero se casó el 13 de junio de 1525. Lutero aprovecha la ocasión de la carta para protestar furiosamente en contra de la tiranía papal que impuso el celibato a estas mujeres. Dice que hará lo que pueda para ubicar a los parientes de las mujeres o encontrarles marido. Sin embargo, expresa que necesita ayuda económica para el sustento de ellas, al lamentarse: "Los pobres, que con gusto daríán, no tienen nada, y los ricos o rehúsan dar o dan de tan mala gana, como si su buena reputación pudiera sufrir a los ojos de Dios por la dádiva, y abusan de mi tiempo."[220]

En el mes de septiembre de 1532 Lutero le escribe al rey Federico I de Dinamarca, instándolo a compadecerse de Cristián II, primo del rey y en ese momento su prisionero político. Lo apremia a tener compasión y misericordia, imitando el ejemplo de Cristo que mostró misericordia a sus enemigos. Tal compasión es un fruto de la fe: "Por lo tanto, su Graciosa

---

217 Bayer, Martin Luther's Theology: A Contemporary Interpretation, 96.

218 Tappert, 171.

219 Para más información sobre este episodio, ver Martin Treu, "Katharina von Bora, the Woman at Luther's Side" *Lutheran Quarterly* (Summer 1999), 156–178.

220 Tappert, 173.

Majestad, que su obra sea un fruto de la fe, una gloriosa ofrenda de gratitud a Dios, un consuelo y refrigerio para el prisionero, y un placer y delicia para todos nosotros. En última instancia su Majestad se alegrará y estará agradecido a sí mismo y a todos quienes brindaron tal consejo, y su Majestad confesará a la larga que estaría arrepentido de corazón si hubiese actuado de otra manera."[221] La súplica de Lutero no tuvo éxito, ya que Cristián II siguió en prisión por el resto de su vida.

Una carta dirigida al Elector Juan de Sajonia, en octubre de 1532, aboga en favor de una familia obligada a dejar su hogar en Altenberg y marchar al exilio. Lutero señala que la acción de D.C. (presumiblemente el Dr. Cristián Baier) era muy drástica. Hace notar que la ley en los libros de D.C., o en su cabeza, "no es la única ley que hay, menos aún es una ley eterna."[222] En una alusión a Mateo 7:1-5, sugiere que D.C. debe tener bastantes vigas que quitar de su propio ojo. Para Lutero, la ley del amor sobrepasa una imposición legalista del código civil sin consideración al daño que pueda ocasionar a una familia desplazada.

En el verano de 1536, Lutero dirige una carta al vicecanciller Francis Burkhard, rogándole actuar en defensa de una anciana, una cierta Señora Kreuzblinder, que sufría de una enfermedad mental. No sería de provecho para el príncipe castigar a una mujer mentalmente enferma, porque "el castigo no la va a mejorar ni hacerla más cuerda."[223]

Lutero en cambio afirma: "Tenemos aquí un caso en que los mortales están unidos uno al otro por una cadena de desventura. Pero la compasión debe romper los grilletes."[224] En estas situaciones tan plagadas de sufrimiento hace falta compasión.

En el mes de mayo de 1538 se escribió una carta "A todos los piadosos cristianos y amigos", como introducción y recomendación en favor de un extranjero, Francis Megara. Lutero comenta que Wittenberg gozaba de la reputación de ser generosa con los necesitados. Rememorando ejemplos del Antiguo Testamento, insta a la bondad en favor del extranjero, incluso si algunas dádivas no produjesen el resultado deseado. Lutero cita ejemplos de extranjeros que encontraron un lugar de refugio entre el pueblo de Israel, y hace referencia al agradecido leproso samaritano (Lucas 17:15) y al centurión (Lucas 7:9), en que ambos "demostraron ser mejores que más de un israelita."[225]

---

221 Tappert, 178.

222 Tappert, 179.

223 Tappert, 183.

224 Tappert, 183.

225 Tappert, 183.

Lutero no toleró a los campesinos que recurrieron a la violencia en la llamada "Guerra del campesinado" de 1524-1525. Temiendo que la revuelta llegase a ser devastadora tanto para el reinado temporal como el espiritual, Lutero aconsejó a los príncipes a aplastar la revuelta, no fuera que llegase a reinar la anarquía y el caos.[226] Pero en julio de 1525 le escribe una carta a Alberto, el arzobispo de Maguncia, abogando por un joven, Asmus Günthel de Eisleben. Günthel fue arrestado y llevado a prisión acusado de haber participado con otros compañeros del asalto a una barricada. Lutero insta al arzobispo a interceder ante el margrave y elector de Brandeburgo para que trate con indulgencia al joven ofensor: "No le conviene a un Señor incitar a sus subordinados al descontento, mala voluntad y hostilidad, y además es una necedad hacerlo. Es justo mostrar severidad cuando el pueblo se vuelve sedicioso o incontrolable y contumaz en el desempeño de sus obligaciones; pero ahora que han sido reducidos, son un pueblo diferente y merecen compasión junto con el castigo. Poner demasiado en una bolsa, la desgarra. La moderación es buena para todas las cosas, y según dice el apóstol Santiago: 'la compasión prevalece sobre el juicio.'"[227]

Empatía por los perseguidos y encarcelados

La Reforma provocó persecución de parte de los opositores. Agregado al volumen del trabajo pastoral que Lutero tenía asignado, se sumó la tarea del cuidado espiritual por los que sufren por haber abrazado la confesión evangélica. Jacobo Spreng, prior del monasterio agustino de Amberes, fue un defensor de las enseñanzas de Lutero ya a partir de 1519. Las circunstancias políticas no se presentaban favorables para los que confesaban la causa evangélica en los Países Bajos. El edicto de Worms fue respaldado estrictamente. Spreng y su sucesor, Henry von Zütphen fueron encarcelados y se cernía sobre ellos la sentencia de muerte. Ante esta amenaza la mayoría de los cofrades repudiaron su confesión. Tres jóvenes no lo hicieron: Lambert Thorn, Heinrich Voes, y Johann Esch. Por motivos que se desconocen, Thorn no fue ajusticiado sino que quedó en prisión hasta su muerte en 1528. Voes y Esch murieron en la hoguera en la plaza del mercado en Bruselas el 1 de julio de 1523.

---

226 Vea "Admonition to Peace" AE 46:3–43; "Against the Robbing and Murdering Hordes of Peasants" AE 46:45–55; "An Open Letter on the Harsh Book against the Peasants" AE 46:63–85. Por una buena visión general acerca de la reacción de Lutero acerca de la guerra del campesinado, vea H. Bornkamm, *Luther in Mid-Career 1521–1530,* 355–399 y Brecht, *Martin Luther: Shaping and Defining the Reformation 1521–1532,* 172–194.

227 Tappert, 175.

El martirio de los jóvenes estimuló a Lutero a componer la balada: "Un cántico nuevo comienza aquí",[228] que narra la confesión inconmovible, aún hasta la muerte, de estos primeros mártires luteranos. El cántico de Lutero junto con su "carta abierta" de agosto de 1523, dirigida a los cristianos perseguidos en los Países Bajos, sirvieron de instrumentos de consuelo para quienes habían quedado conmocionados por la muerte en la hoguera de estos dos hombres. Lutero ensalza la inmolación de Voes y Esch porque su martirio no es una señal de derrota, sino una manifestación de la victoria del evangelio: "...tengan buen ánimo y gócense en Cristo y démosle gracias por las grandes señales y maravillas que ha comenzado a realizar entre nosotros. Él nos ha dado una nueva y reciente ejemplificación de su propia vida, y ahora es el tiempo en que el Reino de Dios no ha de manifestarse en palabras sino con poder."[229] Valiéndose de numerosos textos bíblicos, Lutero les recuerda a los lectores de la carta que el sufrimiento por el evangelio es un honor que los cristianos conllevan, porque cuentan con las seguras y confiables promesas de Cristo, quien es nuestra única alegría. El tema dominante de la carta es el gozo persistente de los cristianos durante la persecución. Sin embargo, no es una felicidad frívola o de manufactura propia que ignora o suprime el sufrimiento y la aflicción; es la muy sentida realidad de que los creyentes perseguidos son uno con su Señor. Comparten su ignominia, pero también su gloria. Citando el Salmo 116:15, Lutero inculca en estos acongojados cristianos la verdad de que la muerte de quienes aman a Dios es muy valiosa a los ojos del Señor. El valor al enfrentar la tribulación y el regocijo en medio de la pesadumbre, no son meros deseos piadosos o virtudes inalcanzables que uno ha de esforzarse por lograr. Son la realidad para los que saben que por intermedio de la muerte despertamos a la vida. Tal el bizarro consuelo que Lutero brinda a los que han experimentado la tiranía del maligno.

Lutero no se olvidó de Lambert Thorn, que por el momento había escapado de la muerte. En enero de 1524 Lutero le escribe a Thorn una carta de estímulo previendo preguntas y luchas espirituales que presumiblemente estarían ocupando la mente del prisionero. Quizá Thorn se preguntaría por qué se le perdonó la vida mientras que sus compañeros fueron ejecutados. Lutero considera la siguiente posibilidad: "¿Quién sabe por qué el

---

228 Por el texto de la balada, vea AE 53:211–216. Vea también Bornkamm, 100–103; Brecht, *Martin Luther: Shaping and Defining the Reformation 1521–1532*,102–104; y Robert Kolb, *Changing Perceptions of Martyrdom and Sainthood in the Lutheran Reformation* (Macon, Georgia: Mercer University Press, 1987), 21ss.

229 Tappert, 193.

Señor no quiso que usted muriera con sus compañeros? Quizá fue dispensado para algún otro milagro."[230]

Un tema llamativo y recurrente en la carta es la aseveración de que Cristo está encarcelado junto con Thorn: "Cristo, que está en usted, me ha manifestado abundante testimonio de que usted no necesita mis palabras, porque Él mismo sufre y queda glorificado con y en usted. En usted Él es hecho prisionero y reina en usted. Él sufre en usted, y en usted triunfa."[231] En la carta se nos permite apreciar el poder de la cristología de Lutero en relación con el cuidado pastoral. El Cristo entero, Dios y hombre, está presente con y por los que por la fe le pertenecen. Para Lutero, la presencia de Cristo no es una abstracción. Cristo está presente físicamente mediante su Palabra y conforme a su promesa. Ningún calabozo es demasiado oscuro para su luz y ninguna celda de prisión tan segura como para mantenerlo fuera. Erasmo detestó la idea de Cristo presente en la alcantarilla.[232] Lutero sabía que Cristo está junto a sus cristianos en la agonía y en la muerte. De ahí que puede reconfortar a los creyentes presos, diciéndoles que Cristo está en prisión con ellos.

La soledad del calabozo bien podría ser un campo fértil para la tentación satánica. En ésta como en otras cartas, Lutero consuela y fortalece a los cristianos que sufren frente a la tentación, a base de las Sagradas Escrituras. En un vehemente párrafo ricamente tramado con textos bíblicos e imágenes, Lutero insta a su amigo a fijar la mente y el corazón en Cristo: "Y por lo tanto, hermano, ore por mí así como yo oro por usted, sabiendo que no sufre solo, sino que con usted está el que dice: 'Yo lo pondré a salvo, porque él me ama. Lo enalteceré, porque él conoce mi nombre.' Pero todos nosotros también estamos con usted, así como lo está el Señor, y ni Él ni nosotros lo abandonaremos. Tenga buen ánimo y Él fortalecerá su corazón; confíe en el Señor. Él dijo: 'En el mundo ustedes tendrán tribulación: tengan buen ánimo; yo he vencido al mundo.' No argumente con Satanás, sino fije la vista en el Señor, con una fe sencilla ponga toda su confianza en Jesucristo, y tenga la certeza de que por su sangre somos salvados. Así como nuestras obras y las leyes de los hombres no pueden ser la sangre de Cristo, así no pueden tampoco purgar nuestros pecados por nosotros ni declararnos justos, ni pueden condenarnos ni acusarnos."[233]

Con referencias hechas a los Salmos, Filipenses 1:6, y Juan 16:33, Lutero consuela a Thorn. El uso de Filipenses 1:6 y Juan 16:33 es muy

---

230 Tappert, 198.

231 Tappert, 198.

232 Vea AE 33:44–45.

233 Tappert, 198–199.

frecuente en los escritos de consuelo de Lutero, y son especialmente relevantes. Con Filipenses 1:6 ("Estoy persuadido de que el que comenzó en ustedes la buena obra, la perfeccionará hasta el día de Jesucristo") fortalece y asegura a los que sufren –un confesor que se encontraba en prisión en este caso–, que Dios no los privará de su favor. La buena obra que el Señor comenzó en ellos al llamarlos a la fe, no será fútil o quedará en la nada. Llegará a una consumación de escatología con la resurrección del cuerpo el día del regreso del Señor. Mientras tanto, el creyente debe sufrir sin quejarse confiando en Juan 16:33 ("Estas cosas les he hablado para que en mí tengan paz. En el mundo tendrán aflicción; pero confíen, yo he vencido al mundo.")

Lo mismo que en otras cartas, los Salmos se utilizan para sustentar a Thorn, porque en el Salterio el creyente perseguido encuentra palabras de oración para invocar la liberación y protección de Dios, y el enjuiciamiento final de los enemigos. De este modo el Salterio fundamenta las lamentaciones en las promesas de gracia de Dios. Oswald Bayer brinda una imagen acertada respecto al uso de Lutero de los Salmos: "Aunque la alabanza completa e ininterrumpida de la bondad de Dios con la que lo ensalzamos, liberados de toda aflicción y tentación, se hará realidad tan sólo en el fin, no obstante la alabanza a Dios queda sobreentendida de algún modo en cada queja... El lamento dirigido a Dios siempre está relacionado con alguna alabanza del pasado y futura."[234] Recordando lo que Dios ya ha hecho por Thorn al honrarlo con la ocasión de llevar su cruz y así dar testimonio de la victoria de Cristo sobre sus enemigos, los Salmos testimonian la buena y por demás generosa voluntad de Dios de consumar esa victoria en "su día".[235]

---

234 Oswald Bayer, "Toward a Theology of Lament" en *Caritas Et Reformatio: Essays on Church and Society in Honor of Carter Lindberg,* editado por David Whitford (St. Louis: Concordia Publishing House, 2002), 218.

235 Tappert, 198.

CAPÍTULO 7

EL CUIDADO PASTORAL DE LOS ENFERMOS Y MORIBUNDOS

En el valle de sombra de muerte: El pecado y la ley

El último período medieval ha sido descrito como un tiempo en que la vida era mugrosa y cruel, brutal y breve. La amenaza de las enfermedades y la inminencia de la muerte estaban siempre ahí, como una espada de Damocles, en la vida de la gente de la era de la Reforma. Las enfermedades no sólo afectan al cuerpo sino también al alma, al poner en duda la bondad de Dios y su propósito de gracia para con los pecadores. "Originalmente la muerte no fue parte de la naturaleza [del hombre]. El hombre muere porque provocó la ira de Dios. En el caso del hombre, la muerte es la consecuencia inevitable y merecida de su pecado y desobediencia."[236] Lutero declara esta verdad bíblica (vea Génesis 3:19; Salmo 90; 1 Samuel 2:6; y Romanos 5:12-17). La muerte es la consecuencia del pecado.

En su comentario del Salmo 118, Lutero expresó que "la muerte siempre hace su aparición en compañía del pecado y de la ley".[237] Bernardo Lohse describe tal compañía letal en el pensamiento de Lutero, así: "La muerte, el pecado, y la ley son la terrible tríada que continuamente nos ataca. Debido a que los cristianos tienen consciencia de la ley y del pecado, perciben con más intensidad que otros el horror de la muerte."[238] De ahí que Lutero no desestima el terror de la muerte cuando ésta confronta al creyente, sino que la encara frontalmente con el evangelio de Jesucristo.

Lutero dictó clases sobre el Salmo 90 a partir de la segunda mitad de octubre de 1534 hasta el 31 de mayo de 1535. En las clases aborda la comprensión de la muerte desde la perspectiva de la Biblia, sin intentar suavizar o apelar a

236 AE 13:94.

237 AE 14:83.

238 Bernhard Lohse, *Martin Luther's Theology: Its Historical and Systematic Development,* traducido por Roy A. Harrisville (Minneapolis: Fortress Press, 1999), 331. Tome nota también de Werner Elert: "Bajo la ley el camino terrenal está el camino de la muerte y nada más. La declaración del apóstol de que la ley de Dios está inscrita también en los corazones de los paganos, queda confirmada nada menos que por la sabiduría de los griegos, la que declara que el hombre más feliz es el que nunca llega a nacer. Siendo que no vive, no necesita morir. Vivir significa tener que morir. Pero todo esto no es la fe evangélica. La fe que se deriva del evangelio es la fe opuesta a la ley, en contra de las apariencias, en contra de Dios, Dios de ira y juicio, porque es fe en la libertad de Dios, en Dios, Dios de la vida, en Dios que cumple sus promesas. Esta fe rompe con toda atadura terrenal y se arroja sin reservas en los brazos de Dios." Werner Elert, *Last Things,* traducido al inglés por Martin Bertram y editado por Rudolph F. Norden (St. Louis: Concordia Publishing House, 1974), 15.

lo sentimental para escindirla del pecado, la ley, y la ira divina. No es de extrañar que Elert, refiriéndose a la exposición de Lutero del Salmo 90, exprese lo siguiente: "Lutero desarrolla toda la evaluación básica de la existencia del hombre de un modo exhaustivo, pero al mismo tiempo con una lobreguez sin paralelo."[239] Elaborando sobre el Salmo 90, Lutero visualiza a Moisés en la cima de su autoridad como ministro de la ley; *Mosissimus Moses* – "Moisés en lo suyo, en lo más mosaico de Moisés."[240]

Aquí Moisés ensalza a la muerte *coram Deo,* obligando a los pecadores a considerarla como lo que es. La caída en el pecado es tan general, tan profunda, que el hombre "ni siquiera conoce su propia triste situación, aunque la siente y languidece bajo su señorío. No comprende su origen ni tiene idea de las consecuencias finales."[241] En lugar de esto, Lutero percibe la tendencia humana a la negación de la muerte o a suavizar su carácter irrevocable. Quejándose de los teólogos que se involucran en esta evasiva, Lutero asevera que, "siguiendo el ejemplo de los pensadores paganos, manifiestan en sus sermones de funerales que uno no debe lamentarse por la muerte como si fuese una maldición; porque la muerte, dicen, es algo así como un refugio, un lugar de descanso. En éste estamos protegidos de forma segura de todos los problemas e infortunios a los que está expuesta la vida de los hombres. Pero es la peor ceguera y además una calamidad –también una consecuencia del pecado original–, cuando así minimizamos el pecado y la muerte, junto con todos los demás quebrantos del género humano, y cuando nos adulamos a nosotros mismos con los pensamientos más superficiales y sin sentido."[242] Solamente horrorizando impávidamente con la tiranía de la muerte es posible allanar el camino para la proclamación de una genuina palabra de consuelo en la promesa de la resurrección.

Lutero rehúsa considerar la muerte como la consecuencia de la fragilidad humana o de la enfermedad, sino que la considera el veredicto de Dios que ejecuta sobre el pecador.

Solamente cuando se considera a la muerte como el desastre divinamente forjado que es, puede el pecador quebrantado recibir el consuelo

---

239 Elert, The Structure of Lutheranism, 18.

240 AE 13:77; vea también Brecht, Martin Luther: The Preservation of the Church 1533–1546, 156–171 y Maxfield, Luther's Lectures on Genesis and the Formation of Evangelical Identity, 19.

241 AE 13:76. Tome nota también de Elert aquí: "Si el pecado fuera solamente desobediencia, esto es, desvío de la norma, el daño podría ser reparado de inmediato mediante la obediencia, y el problema del destino se resolvería con 'circunspección'. En realidad, sin embargo, en un sentido estricto el pecado es 'enemistad en contra de Dios', lo cual es oposición vivaz a la voluntad de Dios, la cual, en igual medida, está activa en contra del pecado. Dios replica al pecado con un juicio que sólo puede terminar en nuestra muerte." Elert, The Structure of Lutheranism, 27.

242 AE 13:76–77.

que Dios incluyó en el evangelio. "La voz de la ley aterroriza porque hace resonar en los oídos de los pecadores engreídos el siguiente tema: 'En medio de esta vida terrena, hay trampas de muerte que nos circundan'."[243] Nótese aquí que Lutero dice que el Salmo le habla a dos clases de pecadores: presumidos y aterrorizados, y temblorosos: "Por consiguiente, Moisés sugiere ya en el título el remedio en contra de la horripilante doctrina de la muerte y combina ambos –el remedio en contra, y la doctrina de la muerte–, para que los que como consecuencia de esta doctrina han quedado aterrorizados, y otros además, no lleguen a tener corazones empedernidos y pagados de sí mismos. Los dos factores tienen que unirse, a fin de que los pecadores presumidos y los aterrorizados y temblorosos se pongan contentos y cobren ánimo, dado que se les dice que imiten el ejemplo de Moisés, por lo tanto, a creer y orar."[244] Para Lutero, el servicio que se presta a los enfermos y moribundos siempre será un ministerio tanto de la ley como del evangelio. La ley se proclama para condenar a los que quieran ponerse una coraza que ignore la realidad de que la muerte es el juicio de Dios, mientras que el evangelio se proclama a los que están aterrorizados por la muerte debido a su pecado. Lutero considera al Salmo 90 como tutor del pastor cristiano en la tarea.

La proximidad de la muerte estimula la fe. ¿Puede uno confiar que Dios conducirá con seguridad a su pueblo por el oscuro valle de la muerte hacia las luminosas vistas panorámicas del reinado celestial descritas en la Biblia? ¿O acaso es la muerte la total y absoluta negación de las promesas de Dios? La muerte presiona hasta el límite las promesas de Dios. ¿Resistirán en esa hora amarga en que los sentidos humanos claudican y la vida se apaga? Son preguntas que presionan a quienes perciben la inminencia de la muerte. Los pastores han de sostener al pueblo de Dios con su Palabra y la Santa Cena, cuando éste sufra alguna aflicción corporal que muchas veces afecta el alma. Con la vara y el cayado de su oficio, los ministros de Cristo pastorearán a los creyentes moribundos por los dominios de la sombra de muerte, defendiéndolos frente a los ataques postreros y a veces más aterradores del diablo, hacia la seguridad de las llagas de Jesús. Lutero practica precisamente esto mismo.

Imágenes para la consolación

Lutero le dedica una epístola al Elector Federico de Sajonia, junto con un cuaderno de meditaciones que el Reformador produjo con el título: "Las

243 AE 13:83.

244 AE 13:83.

catorce consolaciones para quienes trabajan y soportan pesadas cargas."[245] En el tratado, escrito en 1519 y publicado al año siguiente, Lutero hace varias cosas. Reflexiona que nuestro Señor les confió a sus creyentes el mandato de cuidar del prójimo necesitado por causa de enfermedad, sufrimiento o aflicción. Las obras de misericordia son parte de la vida cristiana. Es algo que se aprende tanto de la palabra como del ejemplo de Jesús. Es un compromiso que se debe a todo el mundo, pero en especial a los que son de la familia de la fe, según lo expresa San Pablo en Gálatas 6:10.

El padecimiento de los cristianos lo soporta Cristo. De ahí que servir a los creyentes necesitados es servir a Cristo, manifiesta Lutero basándose en Mateo 25:40. Lutero explica la meta evangélica y pastoral de sus "Catorce consolaciones". En contraste con la leyenda medieval de los catorce santos considerados protectores frente a varios males, Lutero toma de las Escrituras catorce descripciones de consuelo, que Cristo le brinda al creyente frente a la maldad tanto de dentro como de fuera. Sus catorce consolaciones están moldeadas al modo de un culto popular basado en una leyenda de 1446, en que se dice que un pastor de Franconia había recibido una visión del niño Jesús, acompañado por catorce santos. Se afirmaba que cada uno de los santos era el protector para alguna enfermedad o calamidad en particular, o que servía como el patrón de cierto grupo de personas. Las imágenes inspiraron muchas veces las pinturas de la base de los altares. Lutero dice que las imágenes no están destinadas "a adornar las paredes de las iglesias, sino para elevar y fortalecer el corazón humano".[246] En la obra Lutero aúna siete males y siete bendiciones. Tanto el mal como la bendición están entremezclados en la vida. "Las Sagradas Escrituras abordan el tema de la consolación de dos maneras, en tanto que nos presentan a la vista tanto las bendiciones como los males, saludablemente entremezclados. Está en armonía con las palabras del Sirácida de Eclesiástico: 'En los días buenos se olvidan los malos, y en los malos, se olvidan los buenos' (Eclesiástico 11:25)."[247]

Lutero hace referencia a Romanos 15:4:"Las cosas que se escribieron antes, se escribieron para nuestra enseñanza, a fin de que tengamos esperanza por medio de la paciencia" para mostrar el origen del consuelo cristiano.[248] La Sagrada Escritura sirve tanto para preparar al creyente para el sufrimiento como para consolarlo en medio de la aflicción: "Es, por

---

245 El texto completo se encuentra en AE 42:121–166. Por un tratamiento útil de esta obra, vea Neil R. LeRoux, *Martin Luther as Comforter: Writings on Death,* 1–43; y JaneStrohl, "Luther's Fourteen Consolations" *Lutheran Quarterly* (Summer 1989), 169–182.

246 AE 42:123.

247 AE 42:124.

248 AE 42:124.

consiguiente, muy cierto que encontraremos consuelo sólo por medio de las Escrituras, las que en los días malos nos instan a la consideración de nuestras bendiciones, presentes o futuras, y en los días de bendición, nos exhortan a reflexionar sobre el mal."[249]

Valiéndose del patrón de catorce imágenes, siete de males y siete de bendiciones, Lutero trata de ayudar al cristiano a reconocer la complejidad del mal que acosa al creyente en su vida aquí en la tierra, en tanto que también le señala la multifacética naturaleza de la obra de gracia en Cristo Jesús.

La primera imagen del mal

La primera imagen es "el mal que está en nosotros". Ninguna tortura admite comparación con el peor de todos los males: "el mal que está en el hombre." Los males de dentro abarcan mucho más de lo que somos capaces de comprender: "Los males dentro de él son mucho más numerosos y más grandes que cualquiera de los que siente. Si un hombre fuera a sentir su maldad, sentiría el infierno, *porque lleva el infierno dentro de sí.*"[250] Dios nos reprende con el conocimiento de este mal, pero nos protege del impacto total: "Como dije, es porque Dios ha dispuesto las cosas de tal manera que el hombre no perezca viendo sus males más recónditos. Dios los mantiene ocultos y quiere que los veamos solamente por la fe, cuando los pone de manifiesto por el mal que se siente."[251] Aquí Lutero hace notar cuán engañoso puede ser el mal que está en nosotros: "Es muy cierto que apenas sentimos una milésima parte de nuestras maldades. Y es igualmente cierto que medimos, sentimos, o no sentimos nuestras maldades a base de nuestros propios pensamientos y sentimientos, y no a base de los hechos."[252]

La segunda imagen del mal

Del "mal que está dentro de nosotros", Lutero pasa a la segunda imagen: "el mal futuro o el mal frente a nosotros." Dándose cuenta de la incertidumbre de lo que nos espera en el futuro, Lutero aconseja: "Arrojará no poca luz sobre su mal actual si usted enfoca su mente sobre males futuros. Es que son tan numerosos, tan variados, tan grandes, que provocaron una de las grandes y principales emociones, es decir, el miedo. Hay quienes han definido el miedo como la emoción causada por un mal futuro."[253]

---

249 AE 42:124.

250 AE 42:125.

251 AE 42:126.

252 AE 42:127.

253 AE 42:128.

Incluso si quedamos liberados de las enfermedades y otras desgracias, la muerte nos llega a todos con seguridad. "Si pudiera ser, dentro de lo presumible, que ninguno de estos males nos sobreviniesen si a Dios le placiere, no obstante la muerte, conocida como el mayor de todos los horrores, ciertamente vendrá."[254] La certeza de la muerte nos recuerda nuestro pecado, porque lo que nos asusta no es nuestra mortalidad, sino el hecho de que morimos como quienes merecen la muerte, morimos como pecadores.

Lutero cita 1 Corintios 10:12: "Así que, el que crea estar firme, tenga cuidado de no caer", para recordarles a sus lectores el camino resbaladizo por el que andamos y el imperceptible poder del tentador que puede destruirnos "de mil modos diferentes".[255]

El cristiano considera la muerte como la liberación de todo lo malo. "El hombre que no prefiere el mal de la muerte en vez del mal del pecado, poco ama a Dios el Padre. Dios ha decretado que el mal sea derrotado por la muerte, y que la muerte llegue ser el ministro de la vida y la justicia."[256] La muerte sirve a un propósito saludable en que termina con la existencia de maldad en el pecado. Para el creyente, la muerte conjura el fin del pecado.

La tercera imagen del mal

La tercera imagen sobre la que enfoca Lutero es "el mal pasado, o el mal a espaldas de nosotros". En esta imagen encontramos una gloria toda especial, porque aquí "la dulce compasión de Dios el Padre alumbra con más brillo en esta imagen que en las otras, y puede confortarnos en toda angustia".[257] El pasado nos recuerda el cuidado providencial de Dios. Lutero se vale de textos bíblicos tales como Proverbios 16:9; 1 Pedro 5:7; Deuteronomio 32:10; Salmo 143:5; Salmo 77:11; Salmo 119:52; Isaías 54:7, para apuntalar su afirmación de que la misericordia y la gracia de Dios nos han circundado de modos que "nosotros ni vimos ni sentimos".[258] La consciencia de la custodia y gobierno de Dios en el pasado, deben incitarnos a confiar el presente y el futuro a su cuidado, en lugar de consumirnos de ansiedad. La bondad de Dios manifestada en su cariño expresado en el pasado, debe infundirles a los creyentes la confianza de encomendar a su paternal cuidado cualesquiera aflicciones que el futuro pueda traer.

---

254 AE 42:129.

255 AE 42:129.

256 AE 42:130.

257 AE 42:130.

258 AE 42:131.

La cuarta imagen del mal

"El mal infernal, o el mal indigno de nosotros", constituye la cuarta imagen del mal en el bosquejo esquemático de Lutero. Son dos los males indignos de nosotros: la muerte y el infierno. La muerte se nos viene con la condenación amparada por la ley. Sin el perdón de pecados, la muerte no es otra cosa sino la puerta al infierno. Cada incidencia de la muerte debe inducirnos al arrepentimiento y la fe. Por consiguiente, Lutero se refiere a Lucas 13:1-5 (los galileos cuya sangre Pilato mezcló con los sacrificios; los dieciocho aplastados por la torre de Siloé) como una imagen de la muerte que merecemos debido a nuestros pecados. Tales acontecimientos terribles deben inducirnos al arrepentimiento, en lugar de provocar conjeturas respecto a lo secreto de Dios, que torna empedernido al corazón en la incredulidad.

La quinta imagen del mal

La quinta imagen es "el mal de la mano izquierda", o todas las aflicciones corporales que sufrimos como víctimas de la determinación de gente malvada. Lutero comenta que, "cuánto más elevada la posición de un hombre en la vida, y cuánto más grande su autoridad, tanto más queda expuesto a la persecución, intrigas, difamación y malas artes de sus enemigos. En todo esto podemos sentir nuevamente la cercanía de la mano de Dios. ¿Habremos de admirarnos si de tanto en tanto alguno de estos males nos abruma?"[259] Tanto los creyentes como los incrédulos son el blanco de tales tribulaciones. "Sin embargo, la situación aflictiva de los incrédulos es peor que la nuestra, porque tanto en un sentido corporal como espiritual, están excluidos de nuestra comunión. El mal que nosotros sufrimos no es nada comparado con el estado de ellos, porque se encuentran en pecado e incredulidad, expuestos a la ira de Dios y sometidos al dominio del diablo, desventurados esclavos de la impiedad y del pecado. Incluso si el mundo entero amontonara maldiciones sobre ellos, no podría desearles nada peor que lo que ya tienen."[260] Los cristianos pueden soportar el infortunio porque se encuentran amparados por el favor de Dios y en su reino. "Lo que Dios permite que suframos no es nada comparado con lo que ellos sufren. El motivo por el que estas cosas nos afectan tan poco, se debe a que no estamos capacitados de ver cuán enorme es la ignominia y desdicha de un hombre postrado en el pecado, vale decir, separado de Dios y poseído por el diablo."[261] Por otro lado, los incrédulos no tienen consuelo en su su-

---

259 AE 42:135.

260 AE 42:135.

261 AE 42:136.

frimiento, porque están angustiados por una conciencia acusadora. Aquí Lutero aplica Isaías 57:20-21: "Pero los impíos son como el mar en tempestad, cuyas aguas no pueden estarse quietas, y en su movimiento arrojan cieno y lodo. Por eso mi Dios ha dicho: 'No hay paz para los impíos'."[262]

El cristiano tiene en cuenta el mal que aflige a su prójimo. "Cristo se sintió estimulado con tal celo y fervor cuando murió por nosotros y descendió a los infiernos (1 Pedro 3:19), dejándonos un ejemplo, que debemos interesarnos por los males de los demás y olvidarnos completamente de los nuestros."[263] De esta manera, el sufrimiento del prójimo es el llamamiento que tiene el creyente de defender al prójimo y procurar su bienestar corporal.

La sexta imagen del mal

La sexta imagen es la de "el mal de la mano derecha", o el mal que causa daño a los hermanos en la fe: "A nuestra derecha están nuestros amigos, cuyo mal nos hace ver que el nuestro es leve, según nos enseña San Pedro en 1 Pedro 5 [:9], al manifestar: 'Pero ustedes, manténganse firmes y háganle frente al diablo. Sepan que en todo el mundo sus hermanos están enfrentando los mismos sufrimientos'."[264] Lutero cita Hebreos 12:4-11 al especificar que la reprimenda es una disciplina para nuestro propio bien. El creyente también acepta la aflicción como una dádiva de manos del Padre.

Las pruebas que soportaron los cristianos fieles nos sirven de ejemplo. Con toda seguridad que en el crisol de sus aflicciones no faltó la tentación. Pero con la tentación, Dios provee la salida (1 Corintios 10:13). "Por tanto, donde el mal es mayor allí también hay más ayuda divina y una salida, de modo tal que la disparidad en el sufrimiento aparenta ser mayor de lo que realmente es."[265] Lutero cita a Juan el Bautista como ejemplo de un hombre que murió "como si no lo conociera Dios, ni el hombre ni ninguna criatura. En comparación con tal muerte, ¿de cuáles sufrimientos nuestros podemos alardear?"[266]

El sufrimiento es parte de la vida en un mundo caído en pecado. A todos nos llega, en distintos grados. Haciéndose eco de 1 Pedro, Lutero les recuerda a sus lectores que sus sufrimientos no deben ser de los que uno mismo se inflige, es decir, no deben sufrir como malhechores, sino

---

262 AE 42:136–137.

263 AE 42:137.

264 AE 42:137.

265 AE 42:139.

266 AE 42:139.

como quienes confiesan con fidelidad la verdad de Dios. "Cuandoquiera que sufran, es por causa de sus pecados o de su rectitud."[267]

La séptima imagen del mal

La séptima y última imagen es "el mal celestial, o el mal supremo." Es el mal de la muerte, no el mero cese biológico de la vida, sino la muerte como el juicio de Dios sobre el pecador. Werner Elert reflexiona acerca de la comprensión escatológica de Lutero respecto de la muerte, al escribir: "La muerte no invade el campo de la ética como una extraña que en realidad tiene su lugar en la biología, sino que aquí se siente como en su propia casa."[268] El veneno de la muerte es el pecado.

Jesucristo murió nuestra muerte al absorber nuestro pecado en su cuerpo y sufrir el destino de los pecadores, sumiso ante la ira de Dios en la cruz. Lutero escribe: "No hay nada, ni aun la muerte, que su pasión no sea capaz de suavizar."[269] El sufrimiento fue santificado por Cristo. "Ciertamente, sucede cuando oyes que Jesucristo, el Hijo de Dios, por su divino contacto, ha consagrado y santificado todos los sufrimientos, incluso la muerte, bendecido la maldición y glorificado la ignominia y enriquecido la pobreza; de manera que ahora la muerte es la puerta a la vida, la maldición una fuente de bendición, y la ignominia la madre de la gloria. ¿Cómo puede usted ser tan insensible y desagradecido y no ansiar y amar todo tipo de sufrimientos, ahora que Cristo los acometió y purificó con la pureza y santidad de su santo cuerpo y sangre, y los transformó así en santos, inofensivos, saludables, bendecidos y plenos de gozo para usted?"[270]

Los cristianos y los incrédulos igualmente mueren. Pero para el creyente, la muerte ya es un hecho consumado de su biografía, porque murió al pecado en el Bautismo y ahora. La muerte que cuenta, la muerte al pecado, ya ha sido muerta. "En la muerte nos parecemos a todos los demás seres humanos: la modalidad externa de nuestra muerte no se diferencia de la de los demás, excepto que lo que se quiere decir es diferente, ya que para nosotros la muerte está muerta. De modo similar, todos nuestros sufrimientos son iguales a los sufrimientos de los demás, pero sólo en apariencia. En realidad nuestros sufrimientos son el comienzo de nuestra libertad, puesto que nuestra muerte es el comienzo de la vida."[271] La aguda

---

267 AE 42:140.

268 Werner Elert, *The Christian Ethos,* 167.

269 AE 42:141.

270 AE 42:142.

271 AE 42:142.

visión de la fe discierne incluso en el sufrimiento temporal el amanecer del nuevo día, en que el dolor y el sufrimiento, la enfermedad y la muerte serán derrotados para siempre. Lohse capta el punto de vista escatológico de Lutero: "En la doctrina de Lutero la muerte y el juicio final tienen significación fundamental: la justificación se acepta, por supuesto, aquí y ahora, pero sólo será comprendida totalmente el día del juicio en la presencia de Dios eterno... Consecuentemente, tanto para su biografía como para su teología, la actitud de Lutero respecto de la muerte y el juicio, son la piedra de toque para la verdad y autenticidad de todo lo dicho o escrito. Una teología que no se refleja en el horizonte del tiempo del fin, desconoce tanto la verdad del evangelio como la realidad de la existencia humana."[272]

Entretanto, la postura de la fe es cargar con la cruz. No acogemos reliquias, sino el sufrimiento de Cristo por nosotros. "Ah, si tan sólo pudiéramos ver el corazón de Cristo cuando lo clavaron en la cruz, angustiándose por lograr que la muerte sea, para nosotros, algo despreciable y muerto."[273] En medio de los sufrimientos, nos sentimos atraídos hacia aquél que fue levantado en alto por los pecados del mundo. Mirándolo a él tan sólo, confiamos en sus promesas ante la proximidad de la muerte. Lutero comenta: "Si de las imágenes precedentes, de las que son indignas de nosotros y de las que nos rodean, hemos aprendido a sobrellevar nuestros males con paciencia, entonces con toda seguridad esta última imagen, en la cual se nos eleva por encima y fuera de nosotros, cautivados en Cristo y ubicados fuera del alcance de todos los males, deberá enseñarnos que no sólo habremos de tolerarlos, sino amarlos, desearlos, y procurarlos. Si tal manera de reflexionar aún le es ajena a alguien, quiere decir que la pasión de Cristo todavía tiene poca trascendencia para él. Se evidencia en los que hacen que los símbolos y brazos de Cristo resistan los males y la muerte, pero no están dispuestos a sufrir o morir. Es algo completamente contrario a la cruz y muerte de Cristo... De acuerdo con tal imagen debemos por tanto absorber y consumir cualesquiera males que debamos soportar, de modo que no sólo no nos angustiarán, sino que nos deleitarán. Será una realidad si la imagen llega a nuestro corazón y perdura en los más recónditos afectos de nuestra mente."[274]

La primera imagen de bendición

Lutero pasa luego a definir las siete imágenes del mal en contraste con las siete imágenes de bendición. La primera imagen de bendición la llama la "bendición en nosotros". Los dones corporales de salud, vigor, vitalidad,

272 Lohse, *Martin Luther's Theology,* 325.

273 AE 42:143.

274 AE 42:144.

capacidad mental, y conciencia son dones cuantiosos de Dios. "El disfrute de éstos por un período prolongado, o hasta corto, pronto nos enseñará cómo conducirnos al enfrentar algún mal menor."[275] La abundancia de las bendiciones que Lutero describe como el pan de cada día en su exposición del Padrenuestro en el Catecismo Menor, debe evocar alabanzas y gratitud en vez de refunfuños y quejas, porque los dones inmerecidos son un recordatorio de que la sabiduría de Dios dispone todas las cosas bien. Lutero hace referencia a la confesión de Job: "¿Acaso hemos de recibir de Dios sólo bendiciones, y no las calamidades?" (Job 2:10), apuntando que "es un dicho áureo y de gran consuelo en el día de la prueba".[276]

Las bendiciones corporales son comunes a todos, cristianos y no cristianos por igual. Pero el cristiano goza de mayores bendiciones interiormente, la fe en Cristo. "Tener fe es tener la palabra y verdad de Dios, y tener la palabra de Dios es tenerlo a Dios, al creador de todo. Si todas las bendiciones fuesen reveladas al alma en toda su magnificencia, ésta, en un instante, se liberaría del cuerpo gracias a la suprema abundancia de dulce deleite."[277]

La segunda imagen de bendición

La vida de fe es escatológica, es decir, la esperanza cristiana vive con la confiada expectación de que Dios cumplirá sus promesas. Así pues, la segunda imagen de bendición es "las bendiciones futuras o la bendición ante nosotros". De ahí que Lutero traza un contraste entre el creyente y el incrédulo: "Estando en medio de sus males, los que no son creyentes poco consuelo encontrarán en la contemplación de bendiciones futuras, ya que para ellos todas las cosas son inciertas."[278] Las palabras de Jesús de Lucas 12:16-21 (la parábola del rico insensato) ilustran una esperanza esquiva y falsa, en contraste con la esperanza cierta que es nuestra en Cristo. El cristiano también tendrá que enfrentarse a la muerte, pero lo hace como uno que está en Cristo tanto en la vida como en la muerte (Romanos 14:8), y por lo tanto puede acostarse a dormir en paz (Salmo 4:8).

Dios transforma la amenaza de la muerte en promesa. "Es algo grandioso que la muerte, que para otros es el mayor de los males, para nosotros se haya convertido en la mayor ganancia... Es de veras una obra divina que él efectuó, y no es de sorprenderse que convirtió el mal de la muerte en la

275 AE 42:145.

276 AE 42:146.

277 AE 42:147.

278 AE 42:148.

mayor bendición."[279] Cristo mató a la muerte al morir; así pues, "para el creyente la muerte ya está muerta, y bajo su capa y máscara no esconde terror alguno. Cual una serpiente aplastada, la muerte sigue teniendo su anterior apariencia aterradora, pero ahora es sólo una máscara, porque es ahora un mal que está muerto y que no causa ningún daño",[280] Lutero asevera algo similar en su himno de Pascua escrito años más tarde en 1524, "Jesucristo yacía en las formidables ataduras de la muerte", en que confiesa: "Contienda insólita y atroz fue/La que vida y muerte sostuvieron/De la vida fue la victoria /A su fin el reinado de la muerte llegó/Con meridiana claridad La Sagrada Escritura afirma:/La muerte por la muerte engullida está/Su aguijón es por siempre olvidado. ¡Aleluya!"[281]

Así, de manera paradójica, la muerte, que procura destruir, es ahora destruida. La muerte, que entró en el mundo como una maldición divina a consecuencia del pecado del género humano, es ahora una bendición, en que le pone fin a todos los castigos de la vida y fin al pecado. Nos libera del peligro de entregarnos al pecado. "Por lo tanto, quien ama la vida y la justicia no debe odiar, sino más bien amar la muerte, su sirviente y taller, si desea alcanzar ya sea la vida o la justicia."[282] Dios "ha determinado que la muerte destruya a la muerte". De modo paradójico, el pecado es destruido por su propio fruto, la muerte.

La tercera imagen de bendición

La tercera imagen de bendición son "las bendiciones pasadas, o las bendiciones a nuestras espaldas". Al recapacitar sobre nuestro pasado, percibimos las bendiciones de Dios: "¡Cuán diferente habría sido el curso de nuestra vida si nos hubieran dejado librados a nuestro libre albedrío! Solamente ahora comprendemos el cuidado y la providencia de Dios por nosotros, de manera que no estábamos capacitados ni para pensar ni hablar nada, excepto lo que él nos permitía."[283] Lutero cita Salmos 40:17 y 139:15-16 como testimonio del cuidado de Dios en el pasado. El Señor que nos formó en el vientre materno nos conoce mejor de lo que nosotros nos conocemos. Así que Dios nos invita a descargar todas nuestras cargas e inquietudes sobre él (vea 1 Pedro 5:7; Salmo 55:22; 1 Pedro 4:19). "¡Si un hombre pudiese tan sólo ver a Dios en esta luz! ¡Cuán feliz, calmo y seguro

279 AE 42:149.

280 AE 42:150.

281 *LSB* 458:4

282 AE 42:151.

283 AE 42:152.

se sentiría! Entonces tendría verdaderamente a Dios, quien le haría saber con certeza que todas sus riquezas –cualesquiera sean–, le habían sido dadas y se le seguían dando, gracias a la superabundante gracia de la voluntad de Dios."[284]

La cuarta imagen de bendición

Lutero aborda ahora "la bendición infernal, o la bendición indigna de nosotros", la cuarta imagen de bendición. ¿Cómo es que el tormento eterno de los condenados es una bendición? Lutero responde: "Echemos una mirada ahora a las bendiciones que vemos en los demás y que se encuentran fuera de nosotros. Lo primero se encuentra en los que están debajo de nosotros, es decir, en los muertos y los condenados. ¿No es extraño que en ellos pueda encontrarse alguna clase de bendición? Sin embargo, el poder de la bondad de Dios es, en todas partes, tan enorme que nos habilita para discernir bendiciones incluso en los males más grandes... vemos cuán inmensamente grande es nuestra ganancia."[285] En los condenados vemos la ira de Dios de la cual se nos rescata a nosotros. No es regocijo por el destino escatológico del incrédulo, sino un recordatorio del futuro que con toda seguridad nos aguardaba, sin la fe en la obra redentora de Cristo.

La quinta imagen de bendición

La quinta imagen es "la bendición de la mano izquierda". Es algo bueno, manifiesta Lutero, ver las bendiciones temporales que Dios ha concedido a los inicuos. Y recurre al Salmo 73 para argumentar a favor de que el bienestar de los malvados nos incita a confiar tan sólo en Dios, en lugar de sentir envidia. Dios, quien viste a las flores del campo y provee alimento para las aves, nos atrae hacia sí (Mateo 6:26-30). Éste es Dios, quien dispone todas las cosas para el bien de los que lo aman (Romanos 8:28).

Lutero hace la pregunta: "¿Acaso puede haber una prueba más grande que la hueste de ejemplos de maldad?"[286] ¿Acaso los creyentes no se ven tentados a desconfiar de los designios de Dios, al ver que los malvados prosperan en sus caminos de maldad mientras que los justos sufren aflicción? "De ahí que nos conviene que siempre estemos oprimidos por alguna dificultad, no sea que en nuestra debilidad sucumbamos ante los agravios del mundo y caigamos en pecado... Cuando el mundo no puede engullirnos con sus lisonjas, o hacernos parte de sí por razón de sus injurias, in-

---

284 AE 42:154.

285 AE 42:155.

286 AE 42:159.

tenta expulsarnos por medio del sufrimiento y desecharnos mediante el dolor... Porque el fin del mundo, tanto de sus placeres como de su tiranía, es veneno y muerte eterna."[287]

La sexta imagen de bendición

"Las bendiciones de la mano derecha" son la sexta imagen. Estas bendiciones están incorporadas en los hermanos y hermanas con quienes Cristo nos ha enriquecido en su iglesia. No estamos solos. "Es la comunión de los santos en la que nos gloriamos. ¿El corazón de quién no se regocijará, aun en medio de grandes males, cuando crea la verdad, es decir, la verdad de que las bendiciones de todos los que aman a Dios son sus bendiciones, y su mal también el mal de ellos?"[288] Aquí Lutero cita Gálatas 6:2 y 1 Corintios 12:26 para demostrar tal unión. Y la unión es una verdadera *communio* o camaradería porque, utilizando lenguaje paulino, somos un pan, un cuerpo conjuntamente (vea 1 Corintios 10:16-17). Los ojos de la fe se nos abren para ver que nos circunda la iglesia, el cuerpo de Cristo.[289]

La séptima imagen de bendición

La séptima imagen es "la bendición celestial, o la bendición suprema". La imagen es "Jesucristo, el rey de gloria que resucita, tal como en su sufrimiento, muerte, y sepultura moldeó la séptima imagen de los males".[290] Aquí el corazón encuentra alegría suprema y consolación eterna, porque Cristo resucita para no morir nunca más. "Consecuentemente, su resurrección y todo lo que llevó a término mediante ésta, es mío."[291] El tema encuentra eco también en el sermón de Pascua de Lutero del año 1544: "Así, vemos otra imagen en Pascua, que en Cristo no hay ningún pecado, ninguna maldición, ningún oprobio, ninguna muerte, sino solamente vida, gracia, bendición, y justicia. Con tal imagen debemos regocijarnos. Porque se nos presenta de modo tal, que no recibamos otra cosa sino esto,

---

287 AE 42:159.

288 AE 42:161.

289 Aquí vea también el escrito de Lutero de 1519 "The Blessed Sacrament of the Holy and True Body of Christ, and the Brotherhoods" en AE 35:49–73. En este tratado Lutero considera la Cena del Señor como una *communio*: "Esta comunión consiste en lo siguiente: toda la riqueza espiritual de Cristo y de quienes lo aman es compartida con, y llega a ser la propiedad común de quien recibe el sacramento" (AE 42:51). El tema desaparece en los escritores posteriores de Lutero sobre el Sacramento del Altar. Vea Hans-Martin Barth, *TheTheology of Martin Luther: A Critical Assessment* (Minneapolis: Fortress Press, 2013), 244.

290 AE 42:163.

291 AE 42:164.

que Dios nos levantó hoy juntamente con Cristo. Porque tal como usted ve el pecado, la muerte y la maldición en Cristo, así también debe creer que Dios, por causa de Cristo, no los verá en usted cuando reciba su resurrección y el consuelo que le brinda. Tal gracia nos la reaviva la fe. Cuando ese día llegue, sin embargo, uno ya no creerá, sino que verá, palpará, y sentirá."[292]

La resurrección de Cristo nos confiere su justicia y su gloria. Él es "nuestro más precioso carruaje", porque montados en su justicia vamos al cielo. La justicia y la vida de nuestro Señor son nuestras ahora por la fe. "Es decir, la ley nos hace pecadores y el pecado nos hace culpables de muerte. ¿Quién venció a ambos? ¿Acaso fue nuestra justicia? ¿O nuestra vida? No, fue Jesucristo, al resucitar y condenar al pecado y la muerte, impartirnos su justicia, otorgarnos sus méritos e imponernos sus manos en bendición. Ahora todo está bien con nosotros; cumplimos la ley y triunfamos sobre el pecado y la muerte. Por todo esto, que haya honor, alabanza y acción de gracias a Dios eternamente y para siempre. Amén."[293] Cristo nos eleva por encima del pecado, la muerte y todo mal, y nos sienta junto a él.

Una carta para el viaje

En los escritos pastorales de Lutero se encuentra con frecuencia una imaginería vívida, como la de las *Catorce consolaciones*. En un nivel más personal se la encuentra en una carta que Lutero escribe a su padre enfermo el 15 de febrero de 1530, justo unos meses antes de la muerte del anciano Lutero, ocurrida el 29 de mayo. La carta es un testimonio del amor filial de Martín por su padre, y una aserción de la fe de éste en Jesucristo. Lutero da gracias porque su padre abrazó la fe evangélica y ha sido rescatado de la oscuridad del error. La fe de su padre queda confirmada por la difamación, la burla, y el desprecio que soportó por causa de Cristo.

El hijo le escribe ahora al padre para compartir su fe, tentación, consolación, y gratitud. Le escribe con el reconocimiento de que en la vida y en la muerte el creyente pertenece al Señor. Con palabras que son un eco de Filipenses 1:21-26, Lutero le recuerda a su padre: "La voluntad divina del Señor es que usted postergue el tránsito a esa vida mejor y siga sufriendo con nosotros en este atribulado y desventurado valle de lágrimas, a fin de ver y oír pesares y ayudar a otros creyentes a sufrir y vencer. El Señor le

---

292 Citado en Gerald Krispin, "The Consolation of the Resurrection in Luther" *Lutheran Theological Review* (Fall/Winter 1989–1990), 44.

293 AE 42:165.

concederá su gracia para que lo acepte voluntaria y obedientemente. Esta vida, maldecida por el pecado, no es otra cosa sino un valle de lágrimas. Cuánto más uno vive, tanto más pecado, maldad, mortificaciones y pesares ve y siente. No hay tampoco respiro o cese de este lado de la tumba. Más allá hay reposo, y podemos dormir en el descanso que Cristo no concede hasta que venga nuevamente a despertarnos con alegría. Amén."[294]

En la carta percibimos el hábil uso de Lutero de imaginería concreta, al consolar a su padre. Compara la muerte con un viaje corto: "Nuestra partida de esta vida es para Dios algo más breve que mi viaje desde aquí a Mansfeld o el suyo desde Mansfeld a Wittenberg. Es tan sólo dormir una hora, y después todo será diferente. Esto es ciertamente la verdad."[295] Así Lutero proporciona su propio arte de morir evangélicamente centrado (*ars moriendi*).[296]

La respuesta de Lutero a la muerte con objetivos claros

Si los cristianos del siglo XXI están fascinados con "la vida con objetivos claros", sus hermanos homólogos del siglo XVI se prendieron del *ars moriendi* como un tipo de "muerte con objetivos claros". El cristiano debía estar pertrechado con principios que le permitieran morir de un modo pleno de significado, sin desperdiciar la oportunidad que las enfermedades crónicas y la vejez traen consigo, para compensar por los pecados de uno e involucrarse en prácticas de piedad penitencial ideadas para acortar, purgatorio mediante, el tránsito a la ciudad celestial. Se creía que la paciencia en los sufrimientos corporales reduciría el sufrimiento que podría ser demandado por los pecados remanentes en esta vida mortal. El temor a la muerte se consideraba como algo natural, ya que la muerte representaba la entrada a un reino en que el veredicto de Dios era incierto en el mejor de los casos, y la condenación cierta en el peor de los casos. La

---

294 Tappert, 31–32. El pensamiento de Lutero se refleja en la descripción de Werner Elert respecto a qué significa para el cristiano morir en la fe: "Yo creo que Dios me ha creado, que preserva mi vida terrenal 'de pura bondad y misericordia paternal y divina', según lo declara el catecismo. ¿Cómo podría yo entonces creer que esta bondad y misericordia paternal y divina cesa de pronto de operar cuando él me deja morir? Si la muerte física significaba el juicio de Dios *a* la fe, también significaría su juicio *de* la fe. Si el apóstol concibió esto así, ¿cómo pudo tener entonces un deseo genuino de 'partir'? (*analysai,* Fil.1:23). No, la muerte física ha perdido su terror a causa de la fe. La fe recibe a la muerte de manos de Dios misericordioso exactamente así como recibe la vida. Como queda dicho: 'la muerte se ha convertido en mi sueño, mi acto de dormir." Elert, *Last Things*, 17–18.

295 Tappert, 32.

296 Por más acerca de la transformación de Lutero del antiguo *ars moriendi,* vea Austra Reinis, *Reforming the Art of Dying: The ars moriendi in the German Reformation 1519–1528.*

Reforma luterana representa una nueva comprensión de la muerte a la luz tanto de la ley como del evangelio. Para Lutero, el cuidado pastoral de los moribundos queda marcado por el perdón de pecados por causa de Cristo, y dentro de esa absolución la segura y cierta promesa de la resurrección del cuerpo a la vida eterna. "El temor a morir debía considerarse una obra del diablo, y debía rechazarse."[297] Lutero brindó una propuesta evangélica para ministrar a quienes veían la muerte de cerca.

La propuesta queda desarrollada en el sermón de Lutero de 1519, "Un sermón para prepararse a morir", una obra que Gottfried Krodel calificó de "versión evangélica de los populares libros medievales del *ars moriendi*".[298] En el sermón, Lutero se vale de la imagen del feto en el vientre de la madre, para abordar el tema del cristiano que enfrenta la muerte. Después de recordarle a su audiencia que todos los hombres tienen que despedirse de este mundo tanto física como espiritualmente, los exhorta a prestar atención a lo que dice Dios: "...siendo que todos debemos emprender viaje, miremos a Dios, hacia quien nos conduce el camino de la muerte. Por consiguiente, nos encontramos con el punto de partida de la estrecha puerta y el angosto camino que lleva a la vida (Mateo 7:14). Todos deben aventurarse a emprender este camino gozosamente, porque aunque la puerta es estrecha, el camino no es largo. Justamente así como una criatura nace, con peligro y dolor, desde el reducido habitáculo del vientre de su madre a esta inmensidad de cielo y tierra, es decir, a este mundo, así el hombre deja la vida a través de la angosta puerta de la muerte. Y aunque los cielos y la tierra en los que ahora residimos nos parecen grandes y extensos, son sin embargo mucho más angostos y chicos que el vientre de la madre, en comparación con el cielo futuro. Consecuentemente, la muerte de los que aman a Dios se llama un nuevo nacimiento, y el día de su santo se conoce en latín como *natale*, es decir, el día de su nacimiento. Sin embargo, el estrecho paso de la muerte nos hace pensar que la vida aquí es larga, y la del más allá breve. De ahí que tenemos que creer esto y aprender una lección del nacimiento natural de una criatura, como dice Jesús: 'Cuando la mujer da a luz, siente dolor porque ha llegado su hora; pero después de que ha dado a luz al niño, ni se acuerda de la angustia, por la alegría de que haya nacido un hombre en el mundo' (Juan 16:21). Es así que al morir tenemos

---

297 Brecht, *Martin Luther: Shaping and Defining the Reformation* 1521–1532, 208.

298 Gottfried Krodel, "Luther's Work on the Catechism in the Context of Late Medieval Catechetical Literature", *Concordia Journal* (October 1999), 398.

que soportar la agonía y tener por sabido que le seguirán una esplendorosa mansión y un gozo sin igual (Juan 14:2)."[299] Martín Brecht comenta que "la teología de la Reforma de Lutero tuvo que pasar la prueba de si era o no capaz de hacerle frente al último de los miedos del hombre."[300] Con este sermón, Lutero demostró el potencial de la teología evangélica de proporcionar un consuelo seguro y considerable a los moribundos.

Margarita Lutero, la madre del Reformador, murió un año después que su esposo. Poco antes de un mes de la muerte de su madre, Lutero le escribe una carta de consuelo. En ésta recurre a Romanos 8:36 y Juan 16:33 para consolarla. Le recuerda a su madre que la disciplina paterna que recibimos de Dios es siempre muy leve, comparada con el sufrimiento de los impíos. Nosotros tenemos la certidumbre y el consuelo de la victoria de Cristo sobre el pecado y la muerte. Nuestro Dios no es un juez severo o un tirano, sino un Salvador y dulce consolador. Lutero cimienta el consuelo en los medios de gracia, con referencia a Filipenses 1:6. "A tal conocimiento, digo, Dios la ha llamado a usted en su gracia. En el evangelio, en el Bautismo, y en el Sacramento (del altar) tiene su signo y sello de tal vocación, y mientras lo oiga dirigiéndose a usted en éstos, no sufrirá angustia ni peligro alguno. Tenga ánimo, pues, y agradézcale gozosa por una gracia tan grande, porque el que comenzó en usted la buena obra la llevará a término hasta el día de Jesucristo."[301]

Una "charla de sobremesa" anotada por Conrado Cordatus en el otoño de 1531,[302] nos permite dar un vistazo a cómo Lutero practica un diagnóstico espiritual y luego aplica la palabra de Dios. Mientras presta atención a la enfermedad del hombre, Lutero pasa a inquirir, al mismo tiempo, respecto de su fe. La charla pastoral nunca debe ceñirse a una discusión de

---

299 AE 42:99–100.

300 Cited in Neil R. Leroux, *Martin Luther as Comforter*, 46.

301 Tappert, 36.

302 Vea Tappert, 36–37 por el texto de esta "charla de sobremesa", que en realidad es más bien un relato descriptivo de Cordatus referido a cómo Lutero se allega a un hombre enfermo apaciblemente, preguntándole por sus padecimientos y su buena disposición de sobrellevar la tribulación con paciencia y con fe. Al responder el enfermo que está dispuesto, Lutero lo consuela con la promesa de la misericordia de Dios y lo exhorta a la constancia, y también le asegura que ora por él. El hombre agradece la visita de Lutero. Cordatus comenta: "Cuando el enfermo comienza a agradecer a Lutero y afirma que nunca podrá compensarlo por la bendición de su visita, Lutero acostumbraba responder que esto es su oficio y su deber, y que por tanto no es necesario agradecerle tan efusivamente. Además aprovecha la oportunidad de la consolación para decirle al enfermo que no debe tener miedo porque Dios, que lo ha provisto con una carta y un sello (es decir, con su Palabra y el Sacramento), también se ha dado a sí mismo por la redención de este hombre" (Tappert, 37).

las circunstancias externas, sino que finalmente tiene que ir al meollo de la cuestión, el estado de la confianza en Jesucristo de la persona enferma.

Una carta dirigida a Juan Ruehel en junio de 1534 aborda la impaciencia del enfermo. "Saber que usted ha sido llamado por este Hombre, que ha sido bendecido con la sabiduría, deseo y amor por su Palabra, y que en tal sentido ha sido sellado por su Bautismo y por el Sacramento, todo esto debería hacer de usted una persona más alegre. ¿Qué más espera de él [Dios], quién interiormente le ha despertado tal amor por él, y por fuera le ha dado tales sellos y tal confesión y testimonio de su gracia? Querido Doctor, vea todo lo bueno que usted ha recibido de sus manos, en vez de analizar sus sufrimientos. El balance de la comparación se inclina considerablemente en favor de lo primero."[303] En la correspondencia, Lutero exhorta a Ruehel urgiéndolo a fijar su atención en todo lo que Cristo le ha dado. El regalo que recibió del tesoro del Señor, con toda seguridad sobrepasa la leve y momentánea aflicción que viene aparejada con la enfermedad.

Caspar Mueller fue canciller de Mansfeld y amigo de Lutero. Fue el padrino de Bautismo de uno de los hijos de Lutero. En 1534 se encuentra enfermo y Lutero le escribe a su amigo y le pide paciente sumisión a la buena y amorosa voluntad del Padre, revelada en Jesucristo. Jesús soportó en nuestro lugar el yugo del diablo y de la ira de Dios, y nos libró de éstos. Él ahora nos impone el yugo suave y la carga liviana. "Este relevo debe aceptarse con alegría. Él es un buen mercader y bondadoso comerciante que nos vende vida por muerte, justicia por pecado, y nos impone una o dos dolencias a modo de interés, y como una muestra de que vende a precios más razonables y presta a tasas más favorables que los Fuggers y demás comerciantes de la tierra."[304]

En la carta Lutero utiliza una frase de su himno "Castillo fuerte", al describir al Señor Jesucristo como "el varón valiente que pelea por nosotros".[305] Se da muchas veces el caso de que Lutero se vale de una frase breve y memorable, repleta de una vívida imaginería y potencial espiritual, para inculcar el evangelio en el corazón y la mente de alguien que sufre. En tanto que la enfermedad trae consigo debilidad física y quizá hasta un disturbio espiritual, nuestra confianza está puesta en el hombre fuerte, que saqueó los bienes del diablo e incluso ahora está a nuestro lado como nuestro refugio en todo tiempo de necesidad.

---

303 Tappert, 37–38.

304 Tappert, 39.

305 Tappert, 39.

La enfermedad de Urbanus Rhegius,[306] un ex sacerdote católico romano convertido a la causa evangélica, le da a Lutero una oportunidad para hablar del lugar que ocupa la prueba en la vida del creyente. Dios se vale de la aflicción para nuestro bien. La enfermedad hace que reconozcamos nuestro desamparo, y nos aleja de nuestro yo. "Por medio de tales vicisitudes, Él [Dios] nos enseña a no ser arrogantes, como quizá lo seríamos si siempre estuviéramos llenos de fuerza, y en cambio nos enseña a no desesperar, como quizá lo haríamos si siempre estuviésemos enfermos... Salimos ganando si reconocemos que estamos hechos de polvo y que no somos más que polvo."[307] El cuidado pastoral en tiempos de enfermedad no es un ejercicio en sentimentalismos, sino que es hablar abierta y francamente de la realidad de que los seres humanos no somos autónomos, sino criaturas confinadas a la tierra, de nacimiento y por la muerte.

El cuidado pastoral como potencia ofensiva en contra del maligno

La enfermedad no es solamente un síntoma de un mundo desordenado por causa del pecado humano, y un recordatorio del hecho innegable de la muerte que a todos toca, sino que también está estrechamente ligada al quehacer del diablo. En el Catecismo Mayor Lutero juzga que el maligno está involucrado en la persistencia de este desorden: "...esta petición ("mas líbranos del mal") incluye todo lo malo que pueda acaecernos en el reino del diablo: pobreza, infortunio, muerte y, en resumidas cuentas, toda la trágica desdicha y congoja de la tierra, que ciertamente es incalculable. Porque el diablo no sólo es un mentiroso, sino que también es un asesino; en todo tiempo procura nuestra vida, y desahoga su cólera causándonos accidentes y agravios que afectan nuestro cuerpo. A algunos los aplasta y a otros los induce a la locura; a unos ahoga en ríos y mares, y a muchos otros los acosa hasta llevarlos al suicidio u otros desastres atroces. En consecuencia, aquí en la tierra no nos queda otra cosa que hacer sino orar sin cesar a fin de quedar librados de las asechanzas de este archienemigo.

---

306 Rhegius (1489–1541) puso en práctica el cuidado espiritual que recibió de Lutero en su propio trabajo. Vea, por ejemplo, Urban Rhegius, *Preaching the Reformation: The Homiletical Handbook of Urbanus Rhegius,* traducido al inglés y editado por Scott Hendrix (Milwaukee: Marquette University Press, 2003). Vea también Ronald K. Rittgers, "Christianization Through Consolation: Urbanus Rhegius's *Soul-Medicine for the Healthy and Sick in these Dangerous Times* (1529)" en *The Reformation as Christianization* editado por Anna Marie Johnson y John A. Maxfield (Tübingen: Mohr Siebeck, 2012), 321–345.

307 Tappert, 41.

Porque si Dios no nos sostuviera, no estaríamos seguros ni por una sola hora."[308]

La última Petición del Padrenuestro constituye la base de la carta de Lutero a Bernardo Wurzelmann en el año 1535. En respuesta a una pregunta inquisitoria de Wurzelmann, un pastor, que tenía motivos para creer que un feligrés estaba poseído por el demonio, Lutero, basado en su propia experiencia pastoral, exhorta a que se hagan oraciones intercesoras constantes y fervientes: "Lo primero que usted y su congregación deben hacer es lo siguiente: Oren fervientemente y opónganse al diablo con su fe, sin importar cuán tercamente él se resista. Hace unos diez años atrás tuvimos una experiencia en nuestra vecindad con un demonio muy malvado, y tuvimos éxito en doblegarlo mediante perseverancia, oración incesante y una fe incondicional. Lo mismo sucederá entre ustedes, si en el nombre de Cristo continúan arrinconando a ese espíritu burlón y arrogante y no dejan de orar. Por este medio he refrenado a muchos espíritus similares en diferentes lugares, porque la oración de la iglesia predomina finalmente. Por lo tanto, no deben dudar, si oran en verdad y con perseverancia, que este espíritu maligno será doblegado."[309]

Satanás y su ejército demoníaco fueron una realidad reconocida en el siglo XVI, lo mismo que lo es al día de hoy. Tanto entonces, como ahora, sin embargo, hay quienes se obsesionan con tales temas. Siempre existe el peligro de fraude espiritual. Así, pues, Lutero advierte a Wurzelmann que "investigue cuidadosamente si la mujer no podría estar practicando algún fraude, por el cual ustedes quedarían en ridículo. Dentro de mi propia experiencia (aparte de todo lo que he leído en los libros) me he encontrado con tales fraudes, y después me reproché a mí mismo por mi simpleza. El espíritu malvado se deleita (como lo hizo al principio con Adán) recurriendo a una mujer para burlarse de un hombre, si es que no consigue hacerlo renegar de su fe, que es lo que más le gusta hacer... Consecuentemente, no podemos hacernos los distraídos con relación a sus obras, a las patrañas, hazañas, y apariciones de este enemigo, sino que debemos combatirlo con fe y oración. Aquél a quien él crucificó, vive. Y por su propio poder el crucificado triunfó sobre quien lo crucificó, a fin de que en el crucificado nosotros también podamos triunfar sobre el que lo crucificó".[310]

Diez años después, en 1545, Lutero ofrece una instrucción más explícita al pastor Severino Schulze, para el exorcismo de una persona poseída

308 LC III:115–116, Kolb/Wengert, 455–456.

309 Tappert, 42.

310 Tappert, 42–43.

por el diablo. Lutero aconseja al pastor cómo proceder con el exorcismo. Schulze recibe la instrucción de ir a ver al hombre poseído, "en compañía del diácono y otros dos o tres hombres piadosos. Confiado en que usted, como pastor del lugar, está investido de la autoridad del oficio del sagrado ministerio, le aconsejo que imponga sus manos sobre él y diga: 'La paz sea contigo, querido hermano, de parte de Dios nuestro Padre y de nuestro Señor Jesucristo.'"[311]

Se confesará el Credo y se orará el Padrenuestro "con voz clara y bien audible", imponiendo las manos sobre el atormentado y concluyendo con las palabras de invocación y bendición: "Oh Dios, Padre todopoderoso, que por tu Hijo nos dijiste: 'De cierto, de cierto les digo:... todo lo que pidan al Padre en mi nombre, lo haré', y que nos mandaste y animaste a orar en su nombre: 'Así que pidan, y se les dará', y que asimismo dijiste: 'Invócame en el día de la angustia; yo te libraré, y tú me honrarás', nosotros, pecadores indignos, confiando en tus palabras y mandatos, imploramos tu misericordia con toda la fe que podamos reunir. Te pedimos que en tu gracia condesciendas a librar a este hombre de todo mal, y anules la operación de Satanás en él, para honor de tu nombre y el fortalecimiento de la fe de quienes creen en ti, por Jesucristo, tu Hijo, nuestro Señor, que vive y reina contigo, por los siglos de los siglos. Amén."[312] Al citar Marcos 16:18, Lutero manifiesta: "Entonces, cuando se marchen, imponga nuevamente sus manos sobre el hombre y diga: 'Y estas señales acompañarán a los que crean: En mi nombre... pondrán sus manos sobre los enfermos, y éstos sanarán.'"[313]

Reconociendo que la posesión de Satanás no se elimina fácilmente, Lutero aconseja al pastor a mantenerse inconmovible y persistente en su lucha. El rito ha de repetirse tres veces. Lutero dice: "Hágalo tres veces, una vez en cada uno de tres días consecutivos. Entretanto, que se hagan oraciones desde el presbiterio de la iglesia, públicamente, hasta que Dios las oiga."[314] Las oraciones de la congregación se solicitan para ayudar al hombre poseído por el demonio, ya que Lutero no separa la oración pastoral de la oración de toda la iglesia.

---

311 Tappert, 52.

312 Tappert, 52. La oración de Lutero se utiliza en la sección intitulada "Occult Practices and Demonic Affliction" en el *Lutheran Service Book: Pastoral Care Companion* (St. Louis: Concordia Publishing House, 2007), 360.

313 Tappert, 52.

314 Tappert, 52.

CAPÍTULO 8

EL CUIDADO PASTORAL DE LOS AFLIGIDOS

En medio de la vida: La muerte

Para el mundo de Lutero la muerte era una realidad cotidiana. Él mismo estuvo muy familiarizado con el luto, ya que sufrió la pérdida de dos de sus propias hijas por una muerte temprana: Elizabeth a los siete meses de nacida, y Magdalena a los catorce años de edad. Su cuidado por quienes padecieron la muerte de un hijo, de padres o de cónyuge, es evidente por su empatía y firme confianza en las promesas de la resurrección de Cristo. En lugar de las nociones medievales acerca del purgatorio y la incertidumbre que evocaba, Lutero presenta un panorama de la muerte enmarcado en las palabras de la conclusión del Credo Apostólico: la convicción en el perdón de los pecados, la resurrección de la carne, y la vida perdurable.

Lutero fundamenta el consuelo que brinda en la victoria de la cruz de Cristo y su resurrección. "La resurrección de Cristo se ha convertido en la muerte de la muerte."[315] La victoria de nuestro Señor sobre la muerte y la tumba garantiza el triunfo decisivo del creyente. Queda reflejado en los himnos de Lutero: *Mitten wir im Leben sind mit dem Tod umfangen* (En la mitad de la vida la muerte nos circunda), y *Christ lag in Todesbanden* (Cristo estuvo en ligaduras de muerte). Aunque Lutero no preparó una liturgia para funerales revisada, asevera que los funerales cristianos deben "honrar y alabar el gozoso artículo de nuestra fe, es decir, la resurrección de los muertos y el desafío a la muerte, ese horrible enemigo que tan desvergonzadamente y de tantas maneras horrorosas anda devorándonos."[316] De ahí que, "no entonamos endechas o cantos fúnebres por nuestros difuntos al lado de la tumba, sino himnos consoladores que hablan del perdón de los pecados, de descanso, de dormir, de la vida, y de la resurrección de los creyentes idos, a fin de que nuestra fe se fortalezca y las personas se sientan motivadas a la devoción."[317] Las misas y las oraciones por los muertos se remplazaron, en los sermones y los cantos, por la proclamación evangélica de la victoria de Cristo sobre la muerte.

---

315 Gerhard Sauter, "Luther on the Resurrection" *Lutheran Quarterly* (Summer 2001), 2008.

316 AE 53:326.

317 AE 53:326.

El entierro cristiano honroso es un testimonio de la esperanza de la resurrección. El cuerpo muerto se trata con decoro y respeto en vista del hecho de que Jesucristo redimió el cuerpo y el alma con su sangre, y garantizó la victoria sobre la muerte con su resurrección. En sus disertaciones sobre Génesis, de 1539, Lutero refiere lo que Abrahán proveyó para su propio funeral: "Este ejemplo nos enseña, además, que los muertos deben ser enterrados con honor y respeto especial, por causa de la fe y la esperanza de la resurrección futura... Consecuentemente, tanta más razón hay por algo de reverencia entre los cristianos, a causa del artículo de la fe concerniente a la resurrección de la carne, no sea que parezca que quedamos privados de la vida y se nos entierra como a caballos y mulas."[318] Cuatro años más tarde, en 1543, aún disertando sobre Génesis, comenta acerca del entierro de Raquel, para estimular a los cristianos a enterrar a sus muertos de modo tal que sea un testimonio de la resurrección: "Los patriarcas ornamentaron los sepulcros con magnificencia. No arrojaron a sus muertos como si fueran cadáveres de bestias, sino que levantaron monumentos en memoria de ellos como un recordatorio perpetuo, a fin de que fueran testimonios de la resurrección futura, la cual creyeron y esperaron. Por tanto, las ceremonias fúnebres y las procesiones se mantendrán, lo mismo que los lamentos y las simpatías; no que deba haber oraciones por los muertos, como desea Lyra, o que debamos tenerle miedo a la muerte, sino más bien que en la muerte aprendamos a ejercitar la fe, al ir luchando contra los terrores de la muerte y pensar que ciertamente morimos y se nos entierra en deshonra, pero que resucitaremos nuevamente en gloria."[319]

Señor de la vida y de la muerte

Dios señorea tanto sobre la vida como sobre la muerte. Lutero cita con frecuencia a Job 1:21, para recordarles a los hombres que Dios tanto da como quita. La fe nos enseña a bendecir a Dios por ambas acciones divinas. Así pues, Veit Dietrich anota palabras de consuelo enunciadas por Lutero para Benedictino Pauli, un abogado de Wittenberg, cuyo hijo murió en un accidente en 1533. Rememorando personajes bíblicos que lloraron la muerte de sus hijos, Lutero aconseja moderación en el luto, a fin de dar lugar a la consolación, recordándole a Pauli que de parte de Dios recibimos más bienes que males. Responde al temor de Pauli de que Dios

---

318 AE 4:205.

319 AE 6: 273–274.

se haya llevado a su hijo con ira: "Debe bastarnos saber que tenemos un Dios de gracia. Porqué él permite que el mal nos sobrevenga, no debe preocuparnos."[320]

Un ejemplo del giro de Lutero hacia lo evangélico en el cuidado por los que sufren, puede verse en su carta del 1 de septiembre de 1524, dirigida a un noble austríaco, Bartolomé von Staremberg. La ocasión fue la muerte de Magdalena, la esposa de Staremberg. A base de Job 1:21, Lutero aconseja a Bartolomé a "cantar el mismo canto a Dios amante y fiel, quien le dio una esposa amante y fiel, y que ahora se la ha llevado".[321] Advierte que, antes de que la mujer fuera la esposa de Bartolomé, le pertenecía a Dios. Cuando Dios se lleva a una persona por la muerte, simplemente llama de regreso lo que le pertenece. Lutero urge a Bartolomé a dejar de lado las misas y oraciones por los muertos. "Alcanza –dice–, con que se ruegue una o dos veces por ella."[322] La fe se aferra a la palabra de Dios y no actúa en descreimiento. Las misas por los muertos no sólo son inútiles, sino que son anticristianas. No les aprovechan ni a los vivos ni a los muertos. Lutero concluye con una bendición final, que sirve para reinsertar a Bartolomé a la vida en el mundo sin su esposa: "Cristo lo ilumine y lo fortalezca en la fe verdadera y en el amor por su prójimo."[323]

La reina María de Hungría recibió una carta de Lutero fechada el 1 de noviembre de 1526. Con ella procuró consolar a María después de la muerte del rey Luis, caído en batalla. Lutero advierte que el propósito de la carta es dar cumplimiento a lo que expresa Romanos 15:4, que hagamos uso de las Sagradas Escrituras para la paciencia y la consolación, a fin de que abunde la esperanza. La carta es en realidad una epístola dedicatoria, como prefacio a la interpretación de Lutero de cuatro Salmos. Al referirse a la pérdida de la viuda, Lutero le recuerda que Dios le proveyó un verdadero novio en Cristo: "...Dios no la ha visitado para la ocasión con ira o desagrado (según la esperanza a la que con toda razón nos aferramos), sino como una prueba y disciplina, a fin de que usted aprenda a confiar en el Padre del cielo, y que la consuele el verdadero novio, Jesucristo, quien es nuestro hermano y, ciertamente, nuestra propia carne y sangre. Además, para que Su Majestad encuentre gozo en

---

320 Tappert, 69. Tómese nota también de las palabras de Lutero en sus disertaciones sobre Génesis: "¿Pero quién puede asistir a la razón por las cosas que ve que la Divina Majestad ha permitido que sucedieran? ¿Por qué no aprendemos más bien con Job, que a Dios no se lo puede enjuiciar, y que no puede ser coaccionado a responder ante nosotros por todo lo que hace o permite que suceda?" (AE I:144).

321 Tappert, 53–54.

322 Tappert, 54.

323 Tappert, 55.

la compañía de sus verdaderos y fieles amigos, los queridos ángeles, que siempre están alrededor de nosotros y nos cuidan."[324] Concluye la carta con una reflexión respecto al espacio que ocupa la cruz en la vida del creyente, y hace notar que nuestras propias cruces, más pequeñas, nos resultan más dolorosas que la cruz de Cristo. Dice que es así, "porque no somos tan pacientes como Dios y, consecuentemente, una cruz más pequeña nos resulta más dolorosa que la cruz de Cristo."[325]

La muerte quizá cuestione nuestra confianza en Dios. Al escribirle a un amigo de la infancia, Juan Reineck, después de la muerte de su esposa en 1536, Lutero se refiere al modo en que la muerte pone a prueba nuestra fe en la buena voluntad de Dios y su favor hacia nosotros: "Dios ha ordenado nuestra vida aquí y le ha puesto límites, para que aprendamos y ejercitemos el conocimiento de su benevolencia, a fin de que examinemos y descubramos si amamos y estimamos su voluntad más que a nosotros mismos y todo lo que nos ha dado para tener y amar sobre la tierra. Y aunque la inescrutable bondad de la voluntad divina le está oculta (así como Dios también lo está) al viejo Adán, como algo tan grande y profundo que al hombre no le produce placer, sino tan sólo desconsuelo y lamentación, tenemos sin embargo su santa y segura Palabra, que nos revela su voluntad encubierta y deleita el corazón del creyente. Porque en toda la Escritura está escrito que cuando él corrige a sus hijos, lo hace de pura gracia y no por ira."[326] En vista de tal corrección, Lutero aconseja a Reinbeck a procurar refugio en la promesa de gracia de Dios: "Si estamos seguros de la gracia de Dios, todo estará bien, incluso si, como Job, perdemos todo lo que tenemos."[327] Finalmente, le recuerda a Reinbeck que su esposa dejó este valle de lágrimas como creyente. De esta manera, su muerte es un ejemplo para nosotros los que debemos prepararnos, a fin de que también podamos, igualmente, dejar nuestras armaduras pecaminosas y pasar de esta desdicha a nuestro hogar y patria."[328]

Sufrimiento en el seno de la fe

El mismo tema queda expresado en la carta de Lutero del 10 de enero de 1539 a Juan von Taubenheim, cuya esposa había fallecido. Reconociendo que la carne indómita guerrea en contra de la buena voluntad de Dios y de

324 Tappert, 57–58.

325 Tappert, 58.

326 Tappert, 69.

327 Tappert, 70.

328 Tappert, 70.

buena gana cede el paso a la incredulidad y la desesperanza, Lutero urge al viudo a procurar apoyo en la paz de Dios: "En el tira y afloje con su pena, permita que la paz de Dios, que sobrepasa todo entendimiento, obtenga la victoria, incluso si la carne amordaza y refunfuña. Yo sé que, instruido por la palabra de Dios, sin mi consejo, usted mismo sabe que la paz de Dios no es una cuestión de los cinco sentidos o de la comprensión, sino que los sobrepasa y es una cuestión de la fe."[329]

Y, sin embargo, Lutero no sugiere una actitud estoica en relación con el sufrimiento. Trata a los que sufren con empatía y compasión, pero no permite nunca que se deleiten en su pérdida. A base de 1 Tesalonicenses 4:13, urge a los atribulados a la moderación. Lamentarse es comprensible, dado que Dios hizo a los hombres criaturas de carne y sangre, además de proveerlos de emociones. Así, en una carta a Catalina Metzler, después de la muerte de su hijo que estudiaba en Wittenberg en 1538, Lutero consuela a la madre del joven diciéndole: "Es natural y está bien que usted esté triste, especialmente tratándose de alguien que es su propia carne y sangre. Porque Dios no nos ha creado para que andemos por ahí sin sentimientos, o que seamos como piedras y palos, sino que su voluntad es que guardemos luto y lloremos a nuestros difuntos. De otro modo parecería que no tenemos amor, en particular en el caso de miembros de nuestra propia familia."[330]

De modo similar Lutero se dirige a Ambrosio Berndt, un antiguo estudiante cuya esposa Margarita, y su bebé, Juan, murieron durante el parto a principios de 1532. Lutero comenta que sería inhumano no estar angustiado ante una muerte tan trágica: "Porque el grande y piadoso amor que une al esposo con su esposa, es tan fuerte que no puede deshacerse con facilidad. Y este sentimiento de dolor no desagrada a Dios, siempre que se mantenga bajo control, porque es una expresión de lo que Dios ha implantado firmemente en ustedes. Ni tampoco lo consideraría yo un hombre, ni hablar de ser buen esposo, si renunciara sin más ni más a su dolor."[331] No obstante, el luto debe estar restringido dentro de los límites de la fe y la esperanza. Y continúa: "A pesar de todo, mi querido Ambrosio, le permito su luto siempre que no esté en contradicción con la voluntad de Dios. Porque es necesario ponerle un límite al dolor y a la angustia."[332] Después, pasa a aconsejar a Ambrosio a que piense y reflexione acerca del regalo que

---

329 Tappert, 71.

330 Tappert, 72.

331 Tappert, 62.

332 Tappert, 62.

recibió en su esposa creyente. La pérdida de tal tesoro seguramente evoca una tristeza muy dolorosa.

En medio de la comprensible tristeza, Lutero apela a Ambrosio a que sienta alegría, pues aunque Dios lo privó de un regalo corporal, le concedió una dádiva espiritual. Identifica la dádiva espiritual con una muerte cristiana acaecida estando en fe, mientras Margarita atendía a su vocación de esposa y madre: "Por otro lado, ha de reflexionar también acerca del hecho de que la muerte de su esposa debe ser para usted motivo de gran alegría en la presencia de Dios, siendo que murió durante el parto, es decir, en el desempeño de su deber asumido ante Dios y en el ejercicio de su propia vocación. Es más, lo hizo con ánimo decidido y firme fe en Cristo. Sabiendo que estaba enfrentando la muerte, lo confesó una y otra vez, invocó a Cristo tan sólo y, brindándose en cuerpo y alma a Dios, se resignó a su voluntad. Agregado a esto, debe reconocerse como una bendición singular, que por gracia de Dios le fue dado, aun en medio de su gran sufrimiento, que le pariera un hijo, Juan, quien fue bautizado y después enterrado junto con su madre."[333]

Al consolar a los afligidos, Lutero mantiene unidos los aspectos creativos de la vida humana con el don de la fe en Cristo otorgado mediante el evangelio. La importancia de un hijo o un cónyuge se reconoce y afirma, pero tales dádivas están contenidas dentro del contexto de la gracia de Dios en Cristo Jesús, que abarca toda la vida. Es algo que se percibe más adelante en la carta de Lutero a Tomás Zink, el padre de Johannes, un joven que murió en abril de 1532 mientras estudiaba en Wittenberg. Al referirse a la vida de Johannes, Lutero lo hace con gran cariño, recordando que fue un estudiante piadoso y de buen comportamiento. Una vez más reconoce que el dolor de los padres no es ajeno al cristianismo, o que es anormal: "Es tan sólo natural que la muerte de su hijo y la noticia del hecho los angustie y atormente, a usted y a su querida esposa, padres del joven. No los culpo, ya que todos nosotros, y yo en particular, estamos acongojados y dolidos. No obstante, los animo a que más bien le den gracias a Dios por haberles dado un hijo tan bueno y piadoso, y por considerarlos dignos de todo el esfuerzo y dinero que con tan buen criterio invirtieron en él. Pero que el mejor consuelo para ustedes, y también para nosotros, sea que él se durmió (en lugar de que se ausentó) decorosa y dulcemente con tal excelente testimonio de su fe en sus labios, que nos dejó a todos maravillados. Tan poca duda cabe de que está con Dios, su verdadero Padre, en eterna bienaventuranza, como la que puede haber de que la fe cristiana es verdadera. Un final tan bello como el de él no puede sino conducir al

333 Tappert, 63.

cielo."[334] De esta manera Lutero insta a los desolados padres a dar gracias por su hijo, porque "ahora se encuentra en un lugar que no cambiaría ni por todo el mundo, ni por un instante".[335] Haciéndose eco una vez más de la exhortación paulina a ponerse tristes, pero no como los paganos que no tienen esperanza (vea 1 Tesalonicenses 4:13), Lutero continúa: "Por tanto, sientan una tristeza que los lleve a encontrar consuelo. Porque no lo perdieron, sino que lo han enviado delante de ustedes para estar en la eterna bienaventuranza. San Pablo dice que no debemos ponernos tristes por los que partieron, por los que se han dormido, como lo hacen los paganos."[336]

Burlar a la muerte

La esperanza cuenta con la certeza de que quienes mueren en la fe están seguros con el Señor. Es un tema destacado en la correspondencia de Lutero con los que sufren. Lutero le escribe a su íntimo amigo y hermano pastor, Conrado Cordatus, cuyo pequeño hijo murió en 1530. Le recuerda que antes de que el niño fuera su hijo, fue y es el hijo de Dios, y le asegura que está "más seguro allí que aquí".[337] Porque ahora está fuera del alcance del pecado y del diablo. De manera similar, Lutero consuela al señor Matías Knutson y su esposa, cuyo hijo, un estudiante de Wittenberg, murió en 1531. Les dice que su hijo burló a la muerte al morir en la fe salvadora: "Su hijo burló al mundo y al diablo, mientras que nosotros todavía corremos el riesgo de que nos dobleguen, y estamos expuestos a toda clase de peligros, de los cuales él ahora se encuentra a salvo."[338] La muerte da lugar a la consumación del bautismo del creyente, divinamente señalada, ya que con la muerte física el creyente queda liberado de morir diariamente, que es lo que determina la vida de arrepentimiento y fe.

¿Qué decimos respecto al suicidio?

El enfoque evangélico de Lutero se evidencia particularmente en el cuidado pastoral provisto para los que lloran la muerte de un suicida. Lutero no creyó que todos los suicidas estaban necesariamente condenados. Al dirigirse a una viuda cuyo esposo se había suicidado, escribe: "El hecho

---

334 Tappert, 65.

335 Tappert, 65.

336 Tappert, 65.

337 Tappert, 60.

338 Tappert, 62.

de que su esposo se ocasionó un daño a sí mismo, se explica por el poder que el diablo ejerce sobre nosotros y nuestros miembros. El diablo puede haber controlado la mano de su esposo, incluso en contra de su propio libre albedrío. Porque si su esposo hubiera hecho lo que hizo por propia y libre voluntad, con toda seguridad no hubiese recobrado su sentido común y recurrido a Cristo con tal confesión de fe. ¡Cuántas veces el diablo rompe brazos, piernas, espaldas, y todos nuestros miembros! Él puede enseñorearse de nuestro cuerpo y miembros en contra de nuestra voluntad."[339] La carta de Lutero refleja su comprensión del poder del diablo.

Al orar la última Petición del Padrenuestro, le pedimos al Señor que nos libre de querer masacrarnos a nosotros mismos. Cuando trata la Petición "Mas líbranos del mal", en el Catecismo Mayor, Lutero manifiesta: "Así y todo, la petición incluye todo lo malo que nos pueda acaecer bajo el reinado del diablo: pobreza, desgracias, muerte y, en resumidas cuentas, toda la trágica desventura y zozobra, de lo que hay incalculablemente mucho sobre la tierra. Porque, debido a que el diablo no es sólo un mentiroso, sino también un asesino, es que atenta incansablemente en contra de nuestra vida al ocasionar accidentes y perjuicios que afectan nuestros cuerpos. *A algunos los aplasta y a otros los induce a la locura; a unos ahoga en mares y ríos, y a otros los acosa hasta llevarlos al suicidio u otras calamidades atroces*. De ahí que no nos queda otra cosa que hacer aquí en la tierra sino orar sin cesar en contra de este archienemigo. Porque si Dios no nos sostuviera, no estaríamos a salvo de él ni siquiera una hora."[340] En una "charla de sobremesa" de 1532, Lutero expresa lo siguiente: "Yo no comparto la opinión de que, ciertamente, los suicidas deban ser condenados. Mi razonamiento me dice que ellos no desean quitarse la vida, sino que el diablo los domina con su poder. Son como un hombre que un asaltante mata en el bosque. Sin embargo, no es así como se ha de instruir al pueblo en general, no sea que se le brinde a Satanás la oportunidad de causar una matanza. Y recomiendo una estricta adhesión a la costumbre popular, según la cual (el cadáver del suicida) no se lo pasa por el umbral, etc. Tal persona no perece por libre elección o por la ley, sino que nuestro Señor Dios les quitará la vida tal como ejecuta a alguien por medio de un asaltante. Los magistrados deben tratarlos con rigor, aunque no es obvio que sus almas son condenadas. Sin embargo, hay ejemplos por los que nuestro Señor Dios desea manifestar que el diablo es poderoso, y que nosotros seamos diligentes en la oración. Si no fuera por estos ejemplos, no temeríamos a Dios. Por consiguiente, tiene que enseñarnos de este modo."[341] Martín Brecht

---

339 Tappert, 59.

340 LC III:114–116, Kolb/Wengert, 455–456.

341 AE 54:29.

señala otra clase de ejemplo para confirmar la coherencia del tratamiento pastoral de Lutero: "En ocasión en que un pastor tuvo problemas de conciencia por haber oficiado una liturgia funeraria para un suicida, algo contrario a la costumbre general, Lutero lo consoló. Dijo que el suicida victimado en realidad no había cometido el acto, sino el diablo. La víctima, por tanto, no fue responsable por su acción. No obstante, a fin de advertir a otras personas en contra de tal acción, Lutero insistió en que el intento de suicidio debía castigarse."[342]

Sin quitarle importancia a la naturaleza pecaminosa del suicida, Lutero trata estos casos con compasiva delicadeza. Identifica a Satanás como asesino y mentiroso desde el principio, quien por algún tiempo doblega aun al creyente bautizado y lo arrastra a las tinieblas de la desesperación, incluso al suicidio. Pero pese a todo, el suicidio no es un pecado demasiado grande para el Cordero de Dios, que quita el pecado del mundo entero. Pastoralmente, Lutero encauza a los que lloran la muerte por suicidio de un ser querido, a las llagas de Cristo, lejos de la atormentadora ansiedad respecto al destino eterno del difunto.

Los sermones para funerales de Lutero

Uno encuentra ejemplos de la predicación para funerales de Lutero en los dos sermones que pronunció en ocasión de la muerte del duque Juan (1468-1532), Elector de Sajonia. El duque Juan murió el 16 de agosto de 1532. Lutero predicó un primer sermón el domingo por la mañana del 18 de agosto. Un segundo sermón lo predicó el jueves siguiente, el 22 de agosto. Ambos los pronunció en la iglesia del castillo.

En el primer sermón, basado en 1 Tesalonicenses 4:13-14, Lutero trata de consolar a la congregación por medio de la predicación. En el sermón vemos que Lutero vuelve a lo que otras veces ha hecho para consolar a los afligidos. Afirma que el dolor de ellos es completamente natural. No hay excelencia moral en tratar de ignorar el lado humano de la tristeza, urdiendo una fortaleza estoica al enfrentar la muerte. Pablo no desaprueba la tristeza en su carta a los tesalonicenses. Lutero expresa: "Porque el hombre inquebrantable no es el que cree que puede negarse a aceptar el sufrimiento cuando un buen amigo se va; el cristiano es más bien uno que se siente invadido por el sufrimiento, pero lo sobrelleva así como el espíritu gobierna la materia. Porque Dios no ha creado al hombre para que se comporte como un palo o una piedra. Le ha dado cinco sentidos y un corazón de carne a fin de poder amar a sus amigos, enojarse con sus enemigos,

---

342 Brecht, *Martin Luther: The Preservation of the Church 1532–1546,* 283–284.

y lamentarse y condolerse cuando sus amigos queridos la pasan mal."[343] Recordándole a la congregación que el Señor Jesús lloró ante la tumba de su amigo Lázaro, debemos olvidarnos de "esta nada provechosa cháchara que nos transforma en palos y piedras y nos impide llorar y sentir pena por los fallecidos".[344] Este discurso respecto a la corrección de la tristeza, hace las veces de prefacio para el sermón de Lutero; su verdadero objetivo es proclamar la muerte y resurrección de Cristo para el consuelo de sus oyentes.

Según Lutero, dentro de la amargura de nuestro dolor Dios ha mezclado "buen azúcar".[345] Quiere decir que la dulzura del evangelio, de "que Jesús murió y resucitó" (1 Tesalonicenses 4:14), también nos asegura que Dios se llevará consigo a los que murieron en Cristo, y no dejará que queden donde pensamos que quedan, sino que los llevará consigo mismo."[346] Con las sencillas palabras de 1 Tesalonicenses 4:14 como base del sermón, pasa a exhortar a los creyentes a aceptar la muerte del Elector, y sus propias muertes, en virtud de la muerte de Cristo. La muerte de Cristo, asevera Lutero, tiene una amargura que falta en nuestra muerte, porque su muerte fue por nuestros pecados, y por lo tanto es mucho más horrenda que cualquier otra. Debemos aprender a "mezclar" y a "cubrir" nuestra muerte con la de Cristo. Es imposible hallar un consuelo mejor que el de contemplar la muerte de Cristo y "ver cuán poderosa y gloriosa llegó a ser, y cómo engulló todas las demás muertes, de manera tal que, por comparación, ésta muerte es la más amarga y cruel de todas."[347]

Contemplar debidamente la muerte de Cristo quiere decir que somos capaces de no ver meramente el cadáver del Elector, sino a Jesucristo: "Muy amados, no vean el cuerpo muerto; ustedes tienen algo más encumbrado y mejor que contemplar, es decir, la muerte y resurrección de Jesucristo. Si ustedes miran con tenacidad este espejo y esta imagen, verán a Cristo el Señor, quien murió y resucitó; verán a dónde irán. Y verán también a dónde irán los que no se durmieron en Cristo. Vale decir, que Dios se propone llevarse consigo a ustedes y a todos los que han sido bautizados y se durmieron en Cristo. Y lo hace porque los ha cobijado en la muerte de Cristo e incluido en su resurrección, y no tiene la intención de dejarlos bajo tierra –aunque para nuestra razón y cinco sentidos no hay motivo por qué

343 AE 51:232–233.

344 AE 51:233.

345 AE 51:233.

346 AE 51:233.

347 AE 51:234–235.

debería ser así–, a fin de que la fe se manifieste y aprendamos a confiar en Dios incluso en aquello que no vemos."[348] Tenemos que ver nuestra muerte a través de la lente de la muerte de Cristo, y así comprender el misterio de que nuestros cuerpos corruptibles y perecederos, "sembrados en deshonra" –usando palabras de Pablo–, resucitarán en gloria con Cristo.

Solamente después de haber hablado de Cristo, el predicador alude al difunto. Con gran maestría Lutero mantiene el equilibrio de las expresiones referidas al fallecido. "No voy a alabarlo ahora por sus excelsas virtudes. Más bien lo dejaré ser un pecador como todos, quienes también nos proponemos presentarnos ante el juicio y entregarle a nuestro Señor Dios más de un grave pecado, y dejar que, como nosotros también, se aferre al artículo que llamamos 'el perdón de los pecados'."[349] Por lo tanto, dice Lutero, no tendría sentido "dar a entender que nuestro amado señor fue del todo inmaculado".[350] El Elector fue un pecador por quien Cristo murió. Tal el fundamento de la esperanza cristiana.

Pero este pecador perdonado también tuvo una vocación. Fue un príncipe cristiano. Lutero no tiene reparo en encomiar la fidelidad del Elector. Precisamente dos años antes, en la Dieta de Augsburgo, el Elector sufrió una "muerte verdadera"[351] –dice–, en que públicamente confesó a Cristo arriesgando todo por la causa del evangelio. Fue la verdadera "muerte viril" del Elector, en contraste con la "muerte de niño" que señaló el fin de su vida terrenal. El Elector ya había padecido la verdadera muerte de menosprecio y desdén en Augsburgo. Su deceso lo describe Lutero como la "muerte de un bebé",[352] porque el Elector se fue con el Señor al reino celestial sin temor ni espanto. Lutero repite la imaginería del Elector envuelto y oculto en la muerte de Cristo.

Después pasa a describir la inenarrable belleza que engalanará el cuerpo del Elector cuando Cristo, quien devoró la muerte, regrese en gloria. Lutero hace referencia a la muerte del duque Juan como un ejemplo de cómo muere un creyente, y vuelve a mencionar el poder de la muerte de Cristo por nosotros, exhortando a la congregación a renunciar a sus propias formas de santidad y a aferrarse tan sólo a las promesas divinas que tenemos en "su muy amado bautismo, su evangelio, su Palabra y los sacramentos".[353]

---

348 AE 51:235.

349 AE 51:236.

350 AE 51:236.

351 AE 51:237

352 AE 51:238.

353 AE 51:242.

APÉNDICE

EL BAUTISMO, UN MEDIO DE CONSOLACIÓN EN LA TEOLOGÍA PASTORAL DE LUTERO

Esta disertación se presentó originalmente en el Congreso de investigación de Lutero en Copenhagen, agosto de 2002. Se publicó en el Concordia *Theological Quarterly* (January 2003), 19-32.

"Ah, mis queridos cristianos, no valoremos o tratemos este don tan preciado sólo a medias. Porque el Bautismo es nuestro único consuelo y entrada a todo el patrimonio de Dios y a la comunión de todos los santos. Dios nos asista a fin de alcanzar esta meta."[354] Así escribe Lutero en su cuadernillo de Bautismo agregado a la segunda edición del Catecismo Menor, en 1529. Al incluir este *Taufbuechlein* de 1526 en el catecismo, resaltó no sólo el significado litúrgico del Bautismo, sino también el valor del sacramento para la vida cristiana. Lutero identifica el Bautismo como el "único consuelo" del creyente. El tema será investigado en segmentos pastorales con representación en los escritos de Lutero, después de la publicación de los catecismos. El lenguaje de los catecismos respecto del Bautismo, moldeó el uso que Lutero le dio al sacramento para consuelo de los creyentes.[355]

Mientras que en la iglesia primitiva el Bautismo ocupó un lugar prominente y destacado, en la Edad Media quedó atenuado. Hubo muy poca literatura de catequesis para instruir a los fieles respecto del significado del Bautismo. En realidad, pareció que su principal característica fue la de iniciación. El Bautismo fue el punto de partida en la secuencia sacramental, pero tuvo poca significación para la continuidad de la vida espiritual al quedar eclipsado por la Eucaristía y, en particular, la penitencia. A modo de contraste Lutero no confinó el Bautismo al momento del rito, sino que afirmó el provecho duradero del sacramento tanto para la vida cotidiana

---

354 *The Book of Concord. Traducido al inglés por* Robert Kolb y Timothy Wengert, (Minneapolis: Fortress Press, 2000), 373.

355 Vea Albrecht Peters, *Kommentar zu Luthers Katechismen Band 4: Die Taufe. Das Abendmahl* (Goettingen: Vandenhoeck & Ruprecht, 1993), 71–126, por un tratamiento de la teología de Lutero referida al Bautismo en los catecismos. Vea también Klaus Schwarzwaeller, *Fuelle Des Lebens Luthers Kleiner Katechismus* (Muenster: Lit Verlag, 1998), 219–243.

como para la proximidad de la muerte.[356] Para Lutero, el Bautismo no es un mero rito de iniciación en el espectro de los actos sacramentales, sino el fundamento y contenido de la vida cristiana que llega a su consumación tan sólo con la resurrección del cuerpo.

En mayo de 1531, notificaron a Lutero que su madre se encontraba gravemente enferma en Mansfeld. La enfermedad resultó ser fatal, ya que Margarita murió al mes siguiente, el 30 de junio, a poco más de un año después de la muerte de su esposo. El 20 de mayo Lutero le escribe a su madre una carta muy tierna, aludiendo especialmente a Juan 16:33 ("Estas cosas les he hablado para que en mí tengan paz. En el mundo tendrán aflicción; pero confíen, yo he vencido al mundo"). En la carta Lutero manifiesta su regocijo porque su madre está bien adoctrinada en la bondad y gracia paternal de Dios, y la urge a aceptar el sufrimiento como una leve aflicción comparada con los sufrimientos de Cristo. Escribe: "Usted conoce la verdadera base y fundamento de su salvación, sobre los que debe apoyar su confianza en ésta y todas las demás dificultades, vale decir Jesucristo, la piedra angular, que nunca fluctuará o fallará, ni permitirá que nos hundamos y perezcamos, porque él es el Salvador y se llama Salvador de todos los pobres pecadores, de todos los que enfrentan la tribulación y la muerte, de todos los que confían en él e invocan su nombre."[357] En toda la carta Lutero resalta la pasión y resurrección de Cristo como el fundamento de la esperanza en la cercanía de la muerte. Es muy vívida la imaginería de Lutero ante la amenaza de la muerte: "Puedes mostrar los dientes, pero no puedes morder, porque Dios nos ha dado la victoria por medio de Jesucristo nuestro Señor, a quien sea la alabanza y la gratitud. Amén."[358] Cristo no es el acusador y juez, sino el Salvador y consolador.

¿Pero dónde encuentra uno a este Cristo? Lutero le indica a su madre la Palabra y el sacramento. Cerca del final de la carta, expresa: "Digo que Dios, en su gracia, la ha convocado a tal conocimiento. En el evangelio, en

---

356 Vea Mark Tranvik, "Luther on Baptism" *Lutheran Quarterly* (Spring 1999), 75–90, por un resumen de la enseñanza bautismal de Lutero. Otros estudios provechosos incluyen Lorenz Groenvik, *Der Taufe in der Theologie Martin Luther* (Abo: Abo Akademi, 1968); Robert Kolb, "What Benefit Does the Soul Receive from a Handful of Water?: Luther's Preaching on Baptism, 1528-1539" *Concordia Journal* (October 1999), 346–363; David Lotz, "The Sacrament of Salvation: Luther on Baptism and Justification" *Trinity Seminary Review* (September 1984), 3–13; y Jonathan Trigg, *Baptism in the Theology of Martin Luther* (Leiden: Brill, 1994).

357 Theodore Tappert (editor), *Luther: Letters of Spiritual Counsel* (Vancouver: Regent College Publishing, 1995), 34. Por un tratamiento minucioso del uso de Lutero de cartas como herramientas de trabajo para el cuidado pastoral, vea Gerhard Ebeling, *Luthers Seelsorge an seinen Briefen dargestellt* (Tuebigen: J.C.B.Mohr, 1997) si bien Ebeling pasa por alto el significado del Bautismo en estas cartas.

358 Tappert, 35.

el Bautismo y en el sacramento (del Altar) tiene usted su signo y sello de esta vocación, y mientras que lo oiga dirigirse a usted mediante éstos, no tendrá tribulación ni estará expuesta a peligro alguno. Tenga buen ánimo, pues, y agradézcale gozosa por tan enorme gracia, porque el que comenzó en usted la buena obra la perfeccionará hasta el día de Jesucristo. No podemos ayudarnos a nosotros mismos en estas cosas. Nada podemos en contra del pecado, la muerte, y el diablo con nuestras propias obras."[359]

En tanto que en su carta Lutero sólo menciona el Bautismo, es muy significativo que le indica a su madre el Bautismo, junto con el evangelio y la Cena del Señor, como el ámbito en el que Dios habla. Para Lutero, el cuidado pastoral no lleva a la cristiana moribunda a que se refugie en sus propios pensamientos u obras, sino en las promesas de Dios brindadas en el *externum verbum* del evangelio, el Bautismo y la Santa Cena.[360] Más hacia comienzo de la carta, Lutero le recuerda a su madre que Dios la había llevado al conocimiento de la salvación y "no había permitido que permanezca en el error papal, por el que se nos enseñaba a confiar en nuestras propias obras y la santidad de los monjes, y a considerar nuestro único consuelo, nuestro Salvador, no como consolador, sino como juez severo y tirano. De modo que sólo podíamos huir de él yendo a María y los santos, y no esperar de él ninguna gracia ni consolación."[361] Lutero establece este enfoque en contraste con Cristo, quien reconcilia a los pecadores con el Padre, antes que encararlos con ira y condenación.

En su tratado de 1519, "El santo y bendecido sacramento del Bautismo", Lutero se quejó de que los papistas ignoraron el Bautismo en favor de satisfacciones de hechura propia: "Van al extremo de despreciar su Bautismo, como si no tuvieran más necesidad de él fuera del hecho de haber sido bautizados. No saben que el Bautismo tiene vigencia durante toda la vida, aun hasta la muerte, sí –como fue dicho anteriormente–, aun hasta el juicio final. Es la razón por la que presumen de haber encontrado otro camino para erradicar el pecado, es decir, por medio de las obras. Así pues, para ellos mismos y para otros crean conciencias aviesas, aterrorizadas, y llenas de incertidumbre, además de desesperación en la hora de la muerte. No saben con certeza cuál es su relación con Dios, y creen que por causa del pecado perdieron el Bautismo y que ya no les aprovecha."[362] Ahora bien, en

---

359 Tappert, 35–36.

360 En el énfasis en *extra nos*, observe la defensa de Lutero en sus disertaciones de 1527 sobre Tito: "Si fuésemos capaces de acceder al cielo sin cosas externas, no habría necesidad de enviar a Cristo" (AE 29:83).

361 Tappert, 35.

362 AE 35:37.

la carta a su madre en trance de muerte, Lutero pone énfasis en la eficacia del Bautismo durante toda la vida, hasta que llega a su consumación en la resurrección de la carne.

El 29 de junio de 1534 Lutero le escribe a Juan Ruehl, canciller del Conde Alberto de Mansfeld y pariente político de Lutero. Lutero se había enterado de la enfermedad de Ruehl y de su poca tolerancia en el sufrimiento. Después de consolarlo con las palabras de 2 Corintios 12:9 ("...mi poder se perfecciona en la debilidad"), manifiesta: "Saber que usted ha sido llamado por este Hombre, que ha sido bendecido con el conocimiento, deseo y amor por su Palabra, y que esto le ha sido sellado por su Bautismo y el sacramento, ciertamente debería alegrarlo mucho. ¿Qué más espera usted de él [Dios], quien interiormente le dio tal amor por él y por fuera tales signos y testimonio de su gracia? Querido Doctor, en vez de su sufrimiento, vea todas las cosas buenas que ha recibido de sus manos. El fiel de la balanza se inclina, fuera de toda duda, hacia lo último."[363] Lutero procura que Ruehl tome distancia de su sufrimiento y considere el hecho de que Dios lo llamó a la fe por medio de Cristo. Los dones conferidos por Cristo exceden en peso todo dolor y angustia.

Después de recordarle a Ruehl que Dios es capaz de restituirle la salud, Lutero cita al apóstol Pablo: "Así que, ya sea que vivamos, o que muramos, somos del Señor" (Romanos 14:8). Y comenta: "Sí, por cierto, *Domini* en el genitivo y en el nominativo; en el genitivo (somos del Señor) porque somos el lugar donde él habita, sus miembros, y en el nominativo (somos señores) porque gobernamos todo mediante la fe, que es nuestra victoria, y porque, gracias a Dios, pisoteamos al león y al dragón."[364] Aunque Lutero no asocia explícitamente a Romanos 14 con el Bautismo, éste, sin embargo parece estar implícito en el consuelo que le brinda a Ruehl, porque es en el Bautismo que Dios ratifica a los pecadores como hijos suyos. Por consiguiente, la carta se hace eco de las palabras de Lutero de "El santo y bendecido sacramento del Bautismo": "El bendecido sacramento del Bautismo le ayuda, porque Dios se une a usted y llegan a ser uno en una alianza de consuelo basada en su gracia."[365] Por medio de la fe, que es el único medio por el cual uno puede aprehender las bendiciones del Bautismo, el creyente llega a señorear sobre la muerte y el diablo. Recuerde las palabras del Catecismo Mayor: "Consecuentemente, en el Bautismo todo cristiano tiene mucho para estudiar y practicar toda su vida. Los cristianos siempre tienen

---

363 Tappert, 37–38.

364 Tappert, 38.

365 AE 35:33.

mucho que hacer para creer firmemente lo que el Bautismo promete y trae consigo: la victoria sobre la muerte y el diablo, el perdón de pecados, la gracia de Dios, todo el Cristo, y el Espíritu Santo con sus dones."[366]

En una charla de sobremesa del otoño de 1532, anotada por Conrado Cordatus, Lutero hace referencia a la predestinación desde el punto de vista del Bautismo. Cordatus refiere que Lutero advirtió contra la especulación respecto a la predestinación, al decir que "cuando uno comienza a disputar al respecto, es como un fuego imposible de extinguir, y cuánto más se disputa tanto más se impacienta".[367] Dios demuestra estar en contra de tales pensamientos problemáticos y atemorizadores. Es la razón, dice Lutero, por la que Dios "instituyó el Bautismo, la Palabra y el sacramento como signos de contraataque."[368]

Lutero entiende que el Bautismo, junto con la predicación del evangelio y el Sacramento del Altar, son la única defensa segura y escudo contra la desesperación provocada por la predestinación. Dice Lutero: "Debemos confiar en éstos y decir: 'He sido bautizado. Creo en Jesucristo. He recibido el sacramento. ¿Por qué voy a preocuparme si he sido predestinado o no?' En Cristo Dios nos ha suministrado un fundamento sobre el que apoyarnos, y a partir del cual podemos subir al cielo. Él es el único camino y la única puerta que conduce al Padre. Si despreciamos el fundamento y en nombre del diablo comenzamos a construir en el techo, con toda seguridad nos despeñaremos. Si tan sólo somos capaces de creer que las promesas han sido expresadas por Dios, y ver en ellas a quién las expresó, exaltaremos esa Palabra. Pero, como las oímos viniendo de boca de un hombre, no conseguimos prestarles más atención que la que le prestamos al mugido de una vaca."[369]

En esta charla de sobremesa es dable analizar varios aspectos de la comprensión de Lutero del Bautismo. En primer lugar, es un signo del favor de Dios en Cristo, y está basado sobre sus promesas. En "La cautividad babilónica

---

366 LC IV: 1-42, Kolb/Wengert, 461.

367 Tappert 122 (WA, TR No. 263). Vea también la "charla de sobremesa" anotada por Caspar Heydenreich del 18 de febrero de 1542, en que Lutero aborda la predestinación (Tappert, 131-138; WA, TR No 5658a). Aquí Lutero aconseja a quienes están atormentados por preguntas acerca de la predestinación a no intentar "escalar el cielo", sino a "comenzar desde abajo con el Hijo encarnado y con su terrible pecado original" (Tappert, 133). Lutero dice que "Dios no bajó desde el cielo para que usted tenga incertidumbre respecto a la predestinación, o para hacer que desprecie los sacramentos. Él los instituyó para que usted tenga más certeza y para erradicar de su mente tales especulaciones" (Tappert, 133). Lutero continúa: "...las especulaciones acerca de la predestinación vienen del diablo. Si lo acometen, diga: "Soy un hijo de Dios. He sido bautizado. Creo en Jesucristo, quien fue crucificado para mí. Diablo, déjame en paz" (Tappert, 134).

368 Tappert, 122.

369 Tappert, 122 (WA, TR, No. 2631b).

de la iglesia", Lutero expresa: "Ahora, lo primero que debe considerarse respecto al Bautismo es la promesa divina... La promesa debe estar situada muy por encima de todo el encandilamiento de las obras, los votos, las órdenes religiosas y lo que sea que el hombre introdujo, porque de esto depende nuestra salvación."[370] Aunque en 1519 Lutero se refiere al Bautismo como un signo y símbolo que marca la disociación de los cristianos de los que no han sido bautizados, el sacramento no es meramente una marca o placa identificativa. El signo encuentra su cumplimiento en lo que simboliza, a saber, morir y resucitar con Cristo. Por tanto, Lutero afirma que "la significación del Bautismo –la muerte y ahogamiento del pecado–, no llega a completarse del todo en esta vida. Efectivamente, no sucede hasta tanto el ser humano no pase por la muerte física y vuelva al polvo. Como claramente puede verse, el sacramento o signo del Bautismo dura poco. Pero el Bautismo espiritual, el ahogamiento del pecado, que es lo que significa, dura mientras vivimos y se completa sólo con la muerte. Es entonces que una persona queda completamente sumida en el Bautismo, y acontece lo que éste significa.[371] Algo similar se afirma al año siguiente en "La cautividad babilónica de la iglesia": "El Bautismo, entonces, significa dos cosas: muerte y resurrección, esto es justificación completa y absoluta. Cuando el pastor sumerge al niño en el agua, significa la muerte, y cuando lo saca, significa la vida nuevamente. Así lo expone Pablo en Romanos 6(4): 'Porque por el bautismo fuimos sepultados con él en su muerte, para que así como Cristo resucitó de los muertos por la gloria del Padre, así también nosotros vivamos una vida nueva.' A la muerte y resurrección la llamamos la nueva creación, regeneración y nacimiento espiritual. No debe entenderse sólo alegóricamente como la muerte del pecado y la vida de la gracia, así como muchos lo entienden, sino como verdadera muerte y resurrección. Porque el Bautismo no es un signo falso."[372]

En virtud de la palabra de promesa de Dios, el Bautismo es un signo eficaz. "Ahora bien, lo primero que debe considerarse acerca del Bautismo es la promesa divina",[373] se expresa Lutero. La fe se aferra a la promesa: "Porque, precisamente así como la verdad de la promesa divina que fue pronunciada sobre nosotros continúa hasta la muerte, así nuestra fe en la promesa nunca debe cesar, sino alimentarse y fortalecerse hasta la muerte por la continua recordación de la promesa que se nos hizo en el Bautismo."[374]

---

370 AE 36:58–59.

371 AE 35:30.

372 AE 36:68.

373 AE 36:58.

374 AE 36:59.

En segundo lugar, uno puede confiar en el Bautismo porque es la obra del Dios Trino. En "La cautividad babilónica de la iglesia", Lutero asevera: "Porque el hombre bautiza, y sin embargo no bautiza. Bautiza en el sentido de que lleva a cabo la acción de sumergir a la persona que se bautiza; él no bautiza, porque al hacerlo no actúa por propia autoridad sino en lugar de Dios. Así pues, recibimos el Bautismo de manos humanas tal como si Cristo, él mismo, incluso Dios, estuvieran bautizándonos con sus propias manos."[375] Lo mismo se afirma nuevamente en el Catecismo Mayor: "Ser bautizado en el nombre de Dios no es ser bautizado por seres humanos sino por Dios, él mismo. Aunque manos humanas lo llevan a cabo, no obstante es, en realidad, la obra de Dios. Considerando este hecho, todo el mundo puede concluir fácilmente que tiene mucho más valor que la obra de cualquier ser humano o santo. Porque, ¿qué obra humana podría quizá ser más grande que la obra de Dios?"[376]

Por tanto, Lutero urge a los que se sienten afligidos por las agresiones de Satanás tendientes a hacerlos flaquear en su fe, que confíen en su Bautismo. El Bautismo hay que usarlo como armamento en contra de Satanás cuando éste ataca la conciencia: "Por tanto, tenemos que apreciar el Bautismo, y usarlo de modo tal que podamos fortalecernos y consolarnos con él cuando nuestros pecados o nuestra conciencia nos agobian, y decir: ¡Pero si yo estoy bautizado! Y si he sido bautizado, entonces tengo la promesa de que seré salvado y que tendré vida eterna, en cuerpo y alma."[377] Y también: "Así pues, vemos cuán grande y sublime es el Bautismo, que nos rescata de las garras del diablo y nos transforma en propiedad de Dios, vence y elimina el pecado y diariamente vigoriza ese nuevo ser; y siempre resiste y permanece hasta que pasemos de esta vida miserable a la gloria eterna."[378]

El Bautismo consuela además a los que guardan luto. Gaspar Heyenreich, frecuente huésped en el hogar de Lutero y capellán de la corte de la duquesa Catalina de Sajonia, no se encontraba en su casa cuando su esposa dio a luz un niño que a poco de nacer murió. El 24 de abril de 1545, Lutero le escribe a Heyenreich una breve esquela de simpatía, en la que no deja de reconocer la angustia que aflige a su amigo por no estar en casa cuando su hijo nació y posteriormente murió. A pesar de todo, Lutero insta a Heyenreich a encontrar consuelo sabiendo que su hijo fue bautizado. "Deje a un lado su tristeza. Alégrese, más bien, porque su hijo

375 AE 36:62.

376 LC IV:10, Kolb/Wengert, 457–458.

377 LC IV:44-45, Kolb/Wengert, 462.

378 LC IV:83, Kolb/Wengert, 466.

renació en Cristo, y porque lo verá en la gloria a él, a quien no pudo ver en este mundo miserable."[379]

Lutero valora el Bautismo como medio de consolación, porque el Bautismo transmite los logros de la cruz de Jesús. Esto se aprecia en un sermón que predicó en ocasión del bautismo de Bernardo, hijo del Príncipe Juan de Anhalt, el 2 de abril de 1540. Utilizando como texto de su sermón el pasaje del bautismo de Jesús de Mateo 3:13-17, Lutero considera el Bautismo como el escenario de un "intercambio hermoso y glorioso"[380] en que Cristo carga con el pecado y la culpa del pecador, y le confiere al pecador su justicia y santidad: "¿No es acaso un intercambio hermoso y glorioso, por el cual Cristo, que es totalmente inocente y santo, no sólo carga con el pecado de otro, es decir mi pecado y culpa, sino que además me viste y adorna, a mí que no soy sino pecado, con su propia inocencia y pureza? Y además, muere la ignominiosa muerte de la cruz por causa de mis pecados, por los que he merecido la muerte y la condenación, y me confiere su justicia para que yo viva con él eternamente en un gozo indecible y glorioso. Mediante tal intercambio bendecido, en el que Cristo cambia lugares con nosotros (algo que el corazón sólo puede aprehender por la fe), sin mediar nada más, se nos libera del pecado y de la muerte y se nos imparte su justicia y vida como propias."[381]

---

379 Tappert, 80 (WA, Br XI 76). Al ser bautizado este niño recién nacido, Lutero le recuerda al atribulado padre la certeza del sacramento. Sin embargo, Lutero no es insensible al dolor que sienten los que lloran la muerte de un niño que murió antes de que se le pudiera administrar el sacramento. Trata el tema en un tratado de 1542, "Consolación para las mujeres que han tenido un aborto" (AE 43:247–250; "*Ein Trost den Weibern, welchen es ungerade gegangen ist mit Kindergebaeren.*" WA 53, 205–208). Aquí Lutero urge a las madres de estos niños no bautizados a confiar en la misericordia y fidelidad de Dios. Valiéndose del ejemplo de Mónica, quien oró por la conversión de Agustín, Lutero les recuerda a los padres enlutados que Dios ha escuchado sus oraciones. Escribe: "...debido a que la madre es una creyente, es de esperar que su angustioso grito y profundo anhelo por llevar a su hijo para ser bautizado será aceptado por Dios como una oración eficaz" (AE 42: 248–249). Lutero recurre también al Antiguo Testamento para consolar a estas mujeres: "¿Quién puede dudar que los niños israelitas que murieron antes de ser circuncidados al octavo día, a pesar de todo fueron salvados por las oraciones de sus padres en vista de la promesa de que Dios será su Dios? Dios (dicen) no limitó su poder a los sacramentos, sino que ha hecho un pacto con nosotros mediante su Palabra. Por lo tanto, debemos hablar de modo diferente y más consolador con los cristianos que con los paganos o gente malvada" (AE 42: 249).

380 AE 51:316.

381 AE 51:316. Tranvik comenta: "Imitando a Pablo en Romanos 6:4, Lutero entiende el Bautismo como el camino por el que la cruz y la resurrección llegan a existir en el mismo tiempo que el creyente. El Bautismo hace efectivo el 'gozoso intercambio' (*froehliche Wechsel)*, un término que Lutero utilizó con frecuencia para expresar su comprensión de la expiación" ("Luther on Baptism, 79). Vea también Robert Kolb "Uno de los temas paulinos referidos al Bautismo que Lutero utilizó desde sus primeros tratamientos del sacramento, el de morir y resucitar con Cristo (Romanos 6:3-11; Colosenses 2:11-15), se utiliza en este comentario (Gálatas 1535) en relación con su presentación de la justificación del pecador ante Dios. Ocurre particularmente en el contexto de la imaginería de Lutero del 'gozoso intercambio' de la perversidad del pecador por la justicia de Cristo. De esta manera, incluso sin muchas referencias explícitas respecto al Bautismo, en esta sumamente importante obra de Lutero surge una confirmación más de la tesis de que la doctrina de la justificación por la fe de Lutero quedó conformada, al menos en parte, por la teología bautismal del apóstol, según queda expresado ante todo en Romanos 6:3-11 y Colosenses 2:11-15. Robert Kolb, "God Kills to Make Alive: Romans 6 and Luther's Understanding of Justification (1535)" *Lutheran Quarterly* (Spring 1998), 34.

La fe recibe en el Bautismo todo lo que Cristo logró en la cruz. En el Catecismo Mayor, Lutero comenta que la cruz y el Bautismo son un don que se recibe y no una obra que ha de hacerse. "De modo que está claro que el Bautismo no es una obra que nosotros realizamos, sino que es un tesoro que Dios nos ofrece y que la fe ase, justamente así como el Señor Cristo de la cruz no es una obra sino un tesoro puesto en el marco de la Palabra, y que se nos ofrece en la Palabra y se recibe por la fe."[382] En un lenguaje reminiscente del Catecismo Mayor, Lutero ahora proclama: "Tal conocimiento y fe produce el fruto de un corazón gozoso, que es definitivo y puede exclamar: Ya no tengo pecados, porque todos ellos están cargados sobre los hombros de Cristo. Ahora bien, nunca pueden estar sobre ambos, sobre él y sobre nosotros. Consecuentemente, nadie puede decir que hace propiciación por el pecado mediante su propia justicia o disciplina; porque la expiación y la redención del pecado pertenecen solamente a Cristo. Pero Cristo no es ni mi obra ni la obra de usted o la de cualquier otro hombre. Ni son su cuerpo y sangre, los que él sacrificó por nuestros pecados. Él es verdadero Dios, verdadero hombre, que carga con los pecados de todo el mundo. Pero él los toma y los ahoga y sofoca en el Bautismo y la cruz, y deja que usted proclame que él ha entregado su cuerpo por usted y derramado su sangre por el perdón de sus pecados."[383]

El Bautismo, por tanto, le brinda a la conciencia angustiada el consuelo del favor de Dios, porque es la obra de Dios. Nuevamente, dicho en palabras que son un eco del Catecismo Mayor, Lutero toma ideas del bautismo de Jesús como base para el Bautismo cristiano, al proclamar que "el Bautismo no es una cosa inútil, sin contenido, como afirman blasfemando los sectarios, sino que en él se cumple toda justicia".[384] Antes bien, en el Bautismo los pecados son perdonados y la fe es fortalecida. Lutero continúa: "Por consiguiente, no sólo se perdonan los pecados en el Bautismo, sino que también se nos asegura con toda certeza que Dios se complace en ello, y que él, juntamente con Cristo y su Santo Espíritu, se proponen estar presentes al ser administrado, y que él mismo será el que bautiza; aunque la gloriosa manifestación de la majestad divina no ocurre visiblemente como se dio aquella vez en el Jordán, ya que alcanza con que haya ocurrido una vez como un testimonio y signo."[385]

Lutero entiende el Bautismo de Jesús como una manifestación del evangelio. Hemos de contemplar el bautismo del Señor en el Jordán con

---

382 LC IV:37, Kolb/Wengert, 461.

383 AE 51:317.

384 AE 51:318.

385 AE 51:318–319.

los ojos de la fe y de esta manera –dice Lutero–, "interpretar la gloriosa revelación, magnificencia y esplendor que resplandeció sobre Jesús en su bautismo, como que sucedió por nosotros".[386]

Involucrándose en una polémica catequética en contra de los que quisieron hacer del Bautismo sólo un signo, como una marca al fuego en una oveja, Lutero arguye que en virtud de que la palabra de Dios ha sido añadida al agua, la Palabra crea y efectúa lo que proclama. "Porque donde la palabra de Dios, por la cual él creó los cielos y la tierra y todas las cosas, está presente, allí está Dios con su autoridad y poder."[387] La Santísima Trinidad es el actor en el Bautismo. "Porque al hacerlo en su nombre, ciertamente lo hace la Santísima Trinidad."[388] Lutero exhorta a la congregación a no prestar atención a las manos del pastor que administra el Bautismo, sino a la palabra de Dios que establece el Bautismo como un baño de regeneración.

Así las cosas, Lutero toma una acción decisiva en el sermón, para conectar firmemente la cruz y el Bautismo. Lo hace a base de Juan 19:34 y 1 Juan 5:16, para establecer el punto de que bautizarse es lavarse en la sangre de Cristo. En la mezcla de agua y sangre que fluye del costado de Cristo crucificado, Lutero ve una imagen del Bautismo. Asimismo, asevera que cuando el apóstol se refiere a Cristo que vino no mediante agua solamente, sino mediante agua y sangre (1 Juan 5:6), "él siempre quiere mezclar la sangre en el Bautismo, a fin de que veamos en éste la inocente, rosácea, roja sangre de Cristo. Para los ojos humanos, es cierto, parece no haber otra cosa sino pura agua cristalina, pero San Juan quiere que abramos los ojos espirituales de nuestro interior, los ojos de la fe, a fin de ver no sólo agua sino también la sangre de nuestro

---

386 AE 51:319. El año después de que Lutero predicó este sermón, su himno del catecismo "To Jordan Came, the Christ our Lord" (Al Jordán llegó el Cristo, nuestro Señor) [vea *Lutheran Worship,* 223]. Tomando como base para este himno el bautismo de Jesús en el Jordán, Lutero compone en formato de himno muchos de los temas publicados en el sermón de 1540, especialmente la conexión entre la expiación de Cristo y el bautismo. Vea Robert Leaver, "Luther's Catechism Hymns: 5. Baptism." *Lutheran Quarterly* (Summer 1998), 161–169. Leaver llama la atención al paralelismo entre el tratamiento del Bautismo y los versos de este himno en el Catecismo Menor. Tómese nota también de cómo el himno resalta el consuelo de que la fe se recibe por medio de la Palabra y promesa del Dios Trino en el Bautismo, siendo que el Bautismo es un lavamiento que limpia de la transgresión y aplaca la amargura de la muerte (verso 1), confiere el Espíritu en el agua (verso 2), hace que la Trinidad habite con nosotros (verso 4), otorga la bendición de la salvación y lo convierte a uno en gozoso heredero del cielo (verso 5), y ofrece sanación y perdón, librándonos de los pecados heredados desde Adán y cometidos por nosotros mismos (verso 7).

387 AE 51:320.

388 AE 51:321.

Señor Jesucristo".[389] De manera que ser bautizado es ser lavado y renovado por la sangre de la muerte expiatoria de Cristo. El Bautismo es ahora el ámbito donde Dios ha anclado la sangre que trae el perdón. Lutero continúa diciendo: "La sangre y su mérito y poder los puso en el Bautismo, a fin de que en el Bautismo los recibamos. Porque cuandoquiera que una persona recibe el Bautismo con fe, es lo mismo que si fuese lavado visiblemente y limpiado de pecado con la sangre de Cristo. Porque no obtenemos el perdón de pecados mediante nuestra obra, sino más bien por medio de la muerte y el derramamiento de la sangre del Hijo de Dios. Pero él toma el perdón y lo mete en el Bautismo."[390]

Lutero concluye el sermón instando a los oyentes a "magnificar y valorar nuestro precioso santo Bautismo" como una "imagen verdadera y un signo, erigidos por Dios, en los que con toda seguridad nos encontramos

---

389 AE 51:325. Compare con el verso 7 del himno bautismal de Lutero:

"All that the mortal eye beholds
Is water as we pour it.
Before the eye of faith unfolds
The pow'r of Jesus' merit.
For here it sees the crimson flood
To all our ills bring healing;
The wonders of his precious blood
The love of God revealing,
Assuring his own pardon" (LSB 406:7).

("Todo cuanto el ojo mortal ve
Es el agua que vertemos.
Ante el ojo de la fe se abre
El poder de los méritos de Jesús.
Porque aquí percibe el torrente carmesí
Trayendo sanación a todos nuestros males;
Las maravillas de su sangre preciosa
Que revela el amor de Dios,
Y nos asegura el perdón").

La traducción del alemán al inglés de Quitmeyer no transmite del todo el pensamiento de Lutero, siendo que Lutero no habla genéricamente del Bautismo como una seguridad o hasta revelación del amor de Dios, sino del Bautismo como la entidad de la liberación del pecado de Adán como también del nuestro mediante la sangre de Cristo. Vea el texto alemán original:

"Das Aug allein das Wasser sieht,
Wie Menschen Wasser giessen;
Der Glaub im Geist die Kraft versteht
Des Bluttes Jesu Christi,
Und ist vor ihm ein rote Flut,
Von Christi Blut gefaerbet,
Die allen Schaden heilen tut,
Von Adam her geerbet,
Auch von uns selbst begangen" (WA 35:468–470).

(El ojo ve solamente agua
Agua que vierten los hombres;
La fe comprende espiritualmente el poder
De la sangre de Jesucristo,
Y es para él un torrente rojo,
Teñido con la sangre de Cristo,
Que sana todo mal,
Heredado desde Adán,
Y también por nosotros cometido").

390 AE 51:325.

con su gracia y la recibimos."[391] La conclusión del sermón de 1540 rememora la alabanza de Lutero del Bautismo en el Catecismo Mayor: "Por consiguiente, no hay joya más preciada que pueda adornar nuestro cuerpo y alma que el Bautismo, porque por medio de éste se nos transforma completamente en santos y bendecidos, lo cual no lo logra ninguna obra de esta tierra."[392]

En resumen, Lutero entiende el Bautismo como un medio evangélico de consuelo en horas de *Anfechtung,* (tribulación) como también en el sufrimiento corporal, porque provoca que el creyente salga de su interior y se sumerja en la muerte redentora de Cristo. El hecho de que el Bautismo es algo externo, provee a la fe de un ancla confiable, ajeno a las emociones fluctuantes. La certeza del Bautismo se encuentra en la veracidad de la promesa y obra de Dios. Mark Tranvik describe acertadamente el punto de vista de Lutero: "Lutero también subrayó la importancia del signo externo debido a la fragilidad de la fe. Compara la fe con 'mantequilla expuesta al sol.' Aunque Lutero siempre asevera que la confianza en la promesa hace eficaz al Bautismo, es cauteloso en el enfoque sobre la fe: 'Uno debe creer, pero ni deberíamos ni podemos saberlo con certeza.' Consecuentemente, uno no debe aventurarse a fundar su Bautismo sobre su fe. Porque, ¿quién puede estar seguro de que realmente cree? El énfasis puesto por los entusiastas en la subjetividad, análogamente al punto de vista medieval de la penitencia y de las ideas monásticas, preocupa a Lutero, porque vuelve a instalar la pregunta acerca de la salvación en manos de una humanidad frágil y titubeante. Dios, sin embargo, es misericordioso. Él viene a nosotros vía medios externos: agua, pan, y vino. Él se compromete con nosotros en estos signos visibles y tangibles, porque 'la fe tiene que tener algo que creer, algo a lo que pueda aferrarse y sobre lo que pueda mantenerse de pie.'"[393]

El Bautismo es un lugar de refugio para el alma atormentada y angustiada, porque abarca toda la vida del creyente. Ya en La cautividad babilónica de la iglesia, Lutero censura la noción de Jerónimo respecto de la penitencia como "la segunda tabla después del naufragio del Bautismo, como un error pernicioso".[394] La censura se repite en el Catecismo Mayor al llegar Lutero a la conclusión de que el punto de vista de Jerónimo "priva

---

391 AE 51:327–328.

392 LC IV:46, Kolb/Wengert, 462.

393 Tranvik, 83-84.

394 AE 36:61.

al Bautismo de su valor, haciendo que ya no tenga utilidad para nosotros".[395] El Bautismo es valioso precisamente porque abarca toda la vida del creyente, desde la pila bautismal hasta la tumba, e implica "contrición y arrepentimiento diarios", palabras del Catecismo Menor.[396] Respecto de este punto Lutero es muy explícito en el Catecismo Mayor: "Así pues, la vida cristiana no es otra cosa sino un diario bautismo, que comenzó una vez y continúa desde entonces. Porque debemos perseverar en ello sin parar, expurgando todo lo que es parte del viejo Adán, a fin de que pueda surgir todo lo que es parte de la nueva criatura."[397] Para Lutero, las prácticas medievales referidas a la penitencia, quedan reemplazadas por un renovado énfasis en la vida bautismal cual vida de arrepentimiento y fe. La confesión y la absolución permanecen, pero se las conceptualiza ahora relacionadas con el Bautismo, y como un retorno al perdón de pecados impartido en el Bautismo.

---

395 LC IV:82.

396 SC IV:12, Kolb/Wengert, 360.

397 LC IV:65, Kolb/Wengert, 465. Tome nota también de Trigg: "Para Lutero, la falta de lógica de la vida cristiana se refleja en varios aspectos de su teología. La conversión llega a ser, no un acontecimiento, sino un estado en el que debe perseverar el cristiano, quien debe ser *semper penitens*. La indivisibilidad de la gracia es otra expresión del mismo principio. Para Lutero, el cristiano ya no es un peregrino que va transitando de un grado, modalidad o medio de gracia hacia otro. Pero quizá sea en la doctrina del *simul* que la falta de lógica de la vida cristiana alcanza su expresión más clara. Un cristiano nunca progresa más allá de la necesidad de la justificación porque por la naturaleza de la justificación sigue siendo pecador aunque la justicia se le imputa al ir viviendo por la fe. Pero vivir en la fe es una necesidad continua, no un acontecimiento único. El pecado permanece, la necesidad de arrepentimiento y de fe permanece. La persona que es *simul justus peccator*, que al mismo tiempo vive en dos reinos, que es tanto carne como espíritu, esa persona es, según la frase de Oberman, 'un hombre entre Dios y el diablo'. La vida de la fe no es una cavilación complaciente respecto a victorias del pasado, sino una guerra de guerrillas." Jonathan Trigg, *Baptism in the Theology of Martin Luther* (New York: E. J. Brill, 1994), 17.